阿波野青畝への旅

川島由紀子

創風社出版

阿波野青畝への旅

目次

阿波野青畝への旅

プロローグ　―浮御堂―

五月雨の雨垂ばかり浮御堂　　青畝

大津市本堅田の浮御堂の山門を入るとすぐにこの句碑がある。子育て中近くに住んでいた私は、小児科通いのたびによく前を通った。自転車を漕ぎながら、「さみだれのあまだればかり…」と声に出してみれば、濁音とア音が響き、心地よいリズム。五月雨と言えば、梅雨の鬱陶しい雨のことだが、この句では明るい雨のように感じられるのは、ア音が響くせいだろう。近江八景の中の「堅田の落雁」に描かれている雅な浮御堂に、俗な雨だれを取り合わせ、明るい雨の中ちょっとユーモラスでもある。

句碑では漢字表記になっているが、平仮名表記にすれば一文字一文字が雨粒のようにも感じられる。雨の日に行ってみると、寄棟の屋根の浮御堂は樋がないので、屋根から四方の湖面に直接雨だれがぽたぽた落ちていた。

さみだれのあまだればかり浮御堂　（大正十三年　二十五歳）

この句の掲載されている『日本新名勝俳句』（昭和六年刊行）を広げてみる。徳富蘇峰の序文によれば、大阪毎日新聞と東京日日新聞が共催で、先年選定した日本新名勝百三十三景のどれかを詠んだ句を募集し、高浜虚子に選句を依頼。その結果、応募句数は十万三千二百七に上り、秀逸の一万句を収録したという。その内の最優秀賞二十句に、琵琶湖を詠んだこの句が入賞した。同じ本の中から、青畝の句をもう一句見てみる。

宇治川をばたばた渡る雉のあり　（昭和五年　三十一歳）

ばたばたというオノマトペにより、この雉の動きが生き生きと伝わってくる。宇治川と言えば、雅な『源氏物語』を思うが、雉は、そこを優雅にではなくばたばた渡るという。雅と俗の取り合わせからユーモアが生まれている。一方、私も風邪の子ども達を自転車に乗せ、浮御堂の雅な竜宮造楼門式山門の前をばたばたとよく走っていた。言わば、私自身が、ばたばた渡る雉だったかもしれない。青畝俳句のリズムとオノマトペの面白さから、俳句が身近なものに感じられた。

浮御堂

昭和初期に俳句に新風を吹き込んだ四Sの一人と言われて活躍し、その後生涯市井の俳人だった阿波野青畝。その俳句の生まれた土壌を辿ることから、その俳句の魅力を考えてみたい。

第一部　青畝の半生

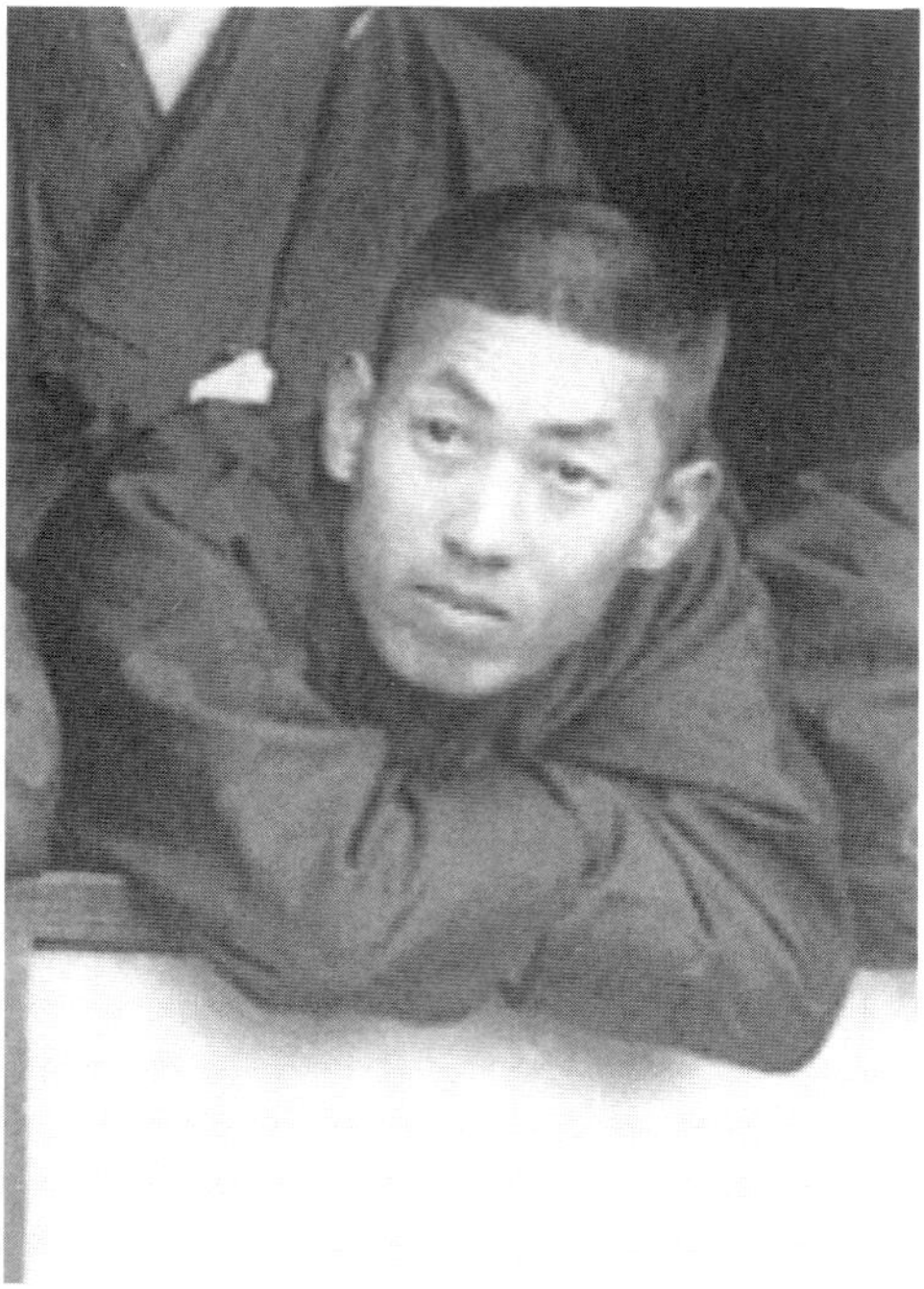

阿波野青畝（27 歳）

第一章　生まれ故郷・神話と万葉集

阿波野青畝（本名・敏雄）は、明治三十二年二月十日、奈良県高市郡高取町大字上子島に、父橋本長治、母かねの五男として生まれた。彼の代表句のひとつが次の句である。

葛城の山懐に寝釈迦かな　（昭和三年　二十九歳）

葛城山の山懐に大きく穏やかな寝釈迦が抱かれている絵が目に浮かぶ。それは、この句のゆったりとした言葉の流れによるものだ。葛城山という大きなカンバスに描かれたスケールの大きな絵。絵画好きだったという青畝の手法がよく活かされている。私は、ふと、若冲の二股の大根を釈迦に見立てた「果蔬涅槃図」を思い出した。素材は違うものの、若冲の絵からも青畝の

高取町から眺める葛城山

句からも、人間くさいユーモアが感じられるからだ。

　ところで、青畝と同じ高取町生まれの知り合いからもらった手紙に、「一言主に例えられた清少納言ではありませんが、当日はお会いできませず失礼します。」と書かれていた。『枕草子』を見てみると、清少納言が中宮定子に仕えていた頃、夕方出仕して夜明け前に帰るので定子に「一言主」みたいねと言われたとある。高取町では、一言主の神様のユーモラスな神話は今も生きているのだろうか。『古事記』や『日本書紀』に出てくる一言主の神様は、顔が醜いことを恥じて昼間は働かず夜しか働かなかったために役行者に呪法で縛られたと、『今昔物語』にある。

「この句は、郷里大和へのノスタルジーか

らイメージを得て作った」と青畝が言う生まれ故郷・高取町から、私も一言主の神様がいるという葛城山を眺めてみたいと思った。高取町へは京都から近鉄に乗り橿原神宮前駅で単線の吉野線に乗り換え、壺阪山駅で降りる。プラットホームから、今通ってきた飛鳥方面を振り返れば、家々の屋根が下に見える。壺阪山駅は高原の駅だ。

高取山の麓にあるこの駅からは木々に遮られて見えないが、西の方角に葛城山は聳え立つ。葛城山（標高九五九・一一m）は高取の町のあちこちから垣間見え、足元の山というよりは向こうに望む憧れの山という趣である。

高取町は南北朝以来、高取山（五八四m）山頂に築かれた山城、高取城の城下町だった。壺阪山駅から青畝の生家をめざす。途中、幹線道路沿いにはいくつかの薬品メーカーの工場が並ぶ。町のメインストリートの土佐街道には陀羅尼助の幟がはためき漢方薬局の看板がある。『日本書紀』には、高取町羽内の波多甕井神社周辺で推古天皇が薬猟りをしたという記述もあり、高取町は古くから薬の町だった。大正時代、青畝の父の橋本長治も八木銀行高取支店長として製薬産業の発展に貢献したという。「青畝を読む会」の例会で訪れたときは、皆で薬膳料理も食べた。

土佐街道まで来て、明治三十八年に青畝が入学したという土佐小学校を探すが、今は統合移転していて見当たらない。その跡地には保育園が建っていた。高取城跡へとさらに登ると、段々畑を見下ろす長閑な山里の光景が現れた。上子島の案内板に従い細くて急な坂道を登り詰める

生家

と、ぽつんと武家屋敷の長屋門が見えてくる。ここが青畝の生家である。現在の所有者のHさんに、長屋門を開けて庭を見せて頂いた。当時建っていたという藁葺きの母屋は改築され、長屋門とその脇の隠居だけが昔のまま残り、竹藪が広い敷地を覆うように生えていた。生家について青畝は次のように書いている。

生まれた土地は高取町上子島で、植村藩に仕えた武士が屋敷を捨てて四散してゆく、そのさびれた山村を見ながら育ってきた。（中略）

母は四国遍路の疲れから胸を病み一時須磨で療養したが、私が十二の秋に落命した。夕暮れの空に人だまの揺曳をはじめて見、かけ戻ってくると今臨終だからと枕元へ呼びつけられ、死に水をとったことをおぼえている。

（『俳句のよろこび』富士見書房）

実父

結核に罹ったこの母のために、末子の青畝少年は、近所の人の目を忍んで牛肉を買いに町まで行ったこともあったという。というのも、当時未だ牛肉を食べるという風習がこのあたりになかったらしい。青畝の手記をもう少し見てみる。

とにかく母の晩年に生まれて、母は恥かしく、流産してほしいと思ったくらいだったそうだ。母の思い出は多くはないが、やはり母は恋しい。あんどんのほの明るさを頼りに手習いをされたこと、それが妙な変体仮名で読みづらかったことがあった。母の名は可祢と書くのがくせであった。父を養子に迎えた武家の娘で、しつけは父も母も厳格だった。寝小便をした朝など生きた心地がせず、裏の藪に隠れて帰らなかったこともある。その藪には著莪の花が咲き、竹の皮拾いをして小遣い銭をかせぎ、柿をついばむ鵯の逃げ場となり、冬はものすごいもがり笛がうそぶいていた。

（『俳句のよろこび』富士見書房）

十二歳といえば、多感な少年の頃である。その頃死別しただけに、母への思慕の情は強かったようだ。

大正二年十四歳の青畝は、奈良県立畝傍中学（現高校）に入学し、五年間往復十八キロを徒歩で通学した。今では考えられないほどの距離を、中学生がよく歩いている。途中、暗くなるため、提灯を持参したこともあったという。大和三山、盆地、生駒、葛城山を眺めながらの通学である。私は、「青畝を読む会」のメンバーと、葛城山の一言主神社から大和三山を眺めながら早苗の田んぼを歩いたことがあるが、大和三山はいずれも標高千百m以下の小さな山で、古代の人々が身近に感じ、畝傍山、耳成山、香久山の妻争いの神話が生まれたのも頷ける気がした。青畝の生まれ故郷は、神話や万葉集の言葉の生まれ故郷でもあった。

青畝は、その生涯を通じて故郷を詠んでいるが、その中から数句挙げて鑑賞する。

葛城の神に雨ふる蚕飼かな　（昭和一年　二十七歳）
三輪山を隠さふべしや畦を焼く　（昭和五年　三十一歳）
籾かゆし大和をとめは帯を解く　（昭和十二年　三十八歳）

月の山大国主命かな　(昭和二十八年　五十四歳)
蝶涼し一言主の嶺を駆くる　(昭和四十三年　六十九歳)
三輪山を吸ふ心持屠蘇すすり　(平成三年　九十一歳)

一句目、人間臭い神様と真面目な蚕飼の取り合わせ。また、カツラギノカミニアメフルコガイカナと、カ音の韻と、カ行を多用することによって、心地良いリズムが生まれている。二句目、『万葉集』の額田王の惜別の歌「三輪山をしかも隠すか雲だにも心あらなむ隠さふべしや」が本歌。額田王は、「(名残り惜しい)三輪山をどうしてあんなに隠すのか。せめて雲だけでもやさしい情けがあってほしい。あんなに隠すべきであろうか。」と嘆く。青畝の句では、動詞「隠さ」に継続の意を表わす上代語の動詞「ふ」がついたもので、「隠しつづける」の意。「べし」は妥当、「や」は反語で、「三輪山を煙で隠しつづけてよいのだろうか、いや、よくないよ。それでも、畦を焼いて生きていくよ。」となる。額田王と心を通わせながらも、現実には春の農作業として畦を焼いて生きていく。切なさと生活の営みの力強さが現実感と共に伝わってくる。三句目、「大蓆に籾を干している農家の庭先で、若い娘が帯を緩め、上体をゆすって籾を振り払っている。「大和をとめ」という表現から、素朴で大らかな万葉の女性が目に浮かぶ。ボッティチェリのヴィーナス誕生かゴーギャンのタヒチの女性の油絵のような大らかさに加え、「籾をかゆがっている」

と思えば、ちょっとユーモラスだ。四句目、月が山の上に昇っている。そこにふくよかな大国主命を取り合わせることによって、月の豊かさが強調されている。五句目、顔が醜いことを恥じている一言主の神は、美しい蝶涼しを取り合わせることによってより一層ユーモラスに感じられる。六句目、三輪神社の御神体である三輪山を吸うというスケールの大きさに驚かされる。どの句も、神話や万葉集の言葉が俳句の世界を広げている。

第二章　俳句との出会い

一、耳疾

青畝の生家の庭の真ん中に句碑がある。

虫の灯に読み昂りぬ耳しひ児　（大正六年　十八歳）

四、五歳の頃中耳炎に罹りそれが慢性化し両耳とも悪く、特に左耳の難聴がひどかった青畝は、友達と遊ぶよりも書架のものを探す楽しみが大きかったという。兄が歌を作っており、書架には飯田武郷の大著『日本書紀通釈』や歌集の類が並んでいた。中学生の頃には万葉集と共に啄木の歌が好きで愛唱していた。その頃それらの本の間に挟まった袖珍本『芭蕉句集』を見つけ芭蕉を知る。当時、竹藪に囲まれて暮らしていたせいか、「たかうなや雫もよゝの篠の露　芭蕉」が好きだったと、後に青畝は回想している。

私は、「青畝を読む会」の後、甲子園の阿波野家を訪ねたことがあったが、後日、養子の健次さんから、青畝の没後書斎から見つかったという手書きの原稿の手記をみせていただいた。以下は、その手記からの引用である。

笹の葉ずれは海の音に似る。竹の梢が汐のさしひきに寄せては返す如くリズムを追うて首を振っている。そんな日は桑畑に出たらひゅうひゅう鋭い笛が耳をうつ。それを虎落笛だと知ると大変なつかしくなった。いや、なつかしいけれど実にわびしい感じがする。孤独である。友達を持たぬさびしさ、耳しひ児の境涯、みんな相通ずるように思う。しかし遥かのかなたには語るべき人がある、十二歳のときに亡くなった母もそのかなたに私を待っている、と夢のような空想にあこがれた。

夕づつの光りぬ呆きぬ虎落笛　（昭和二年　二十八歳）

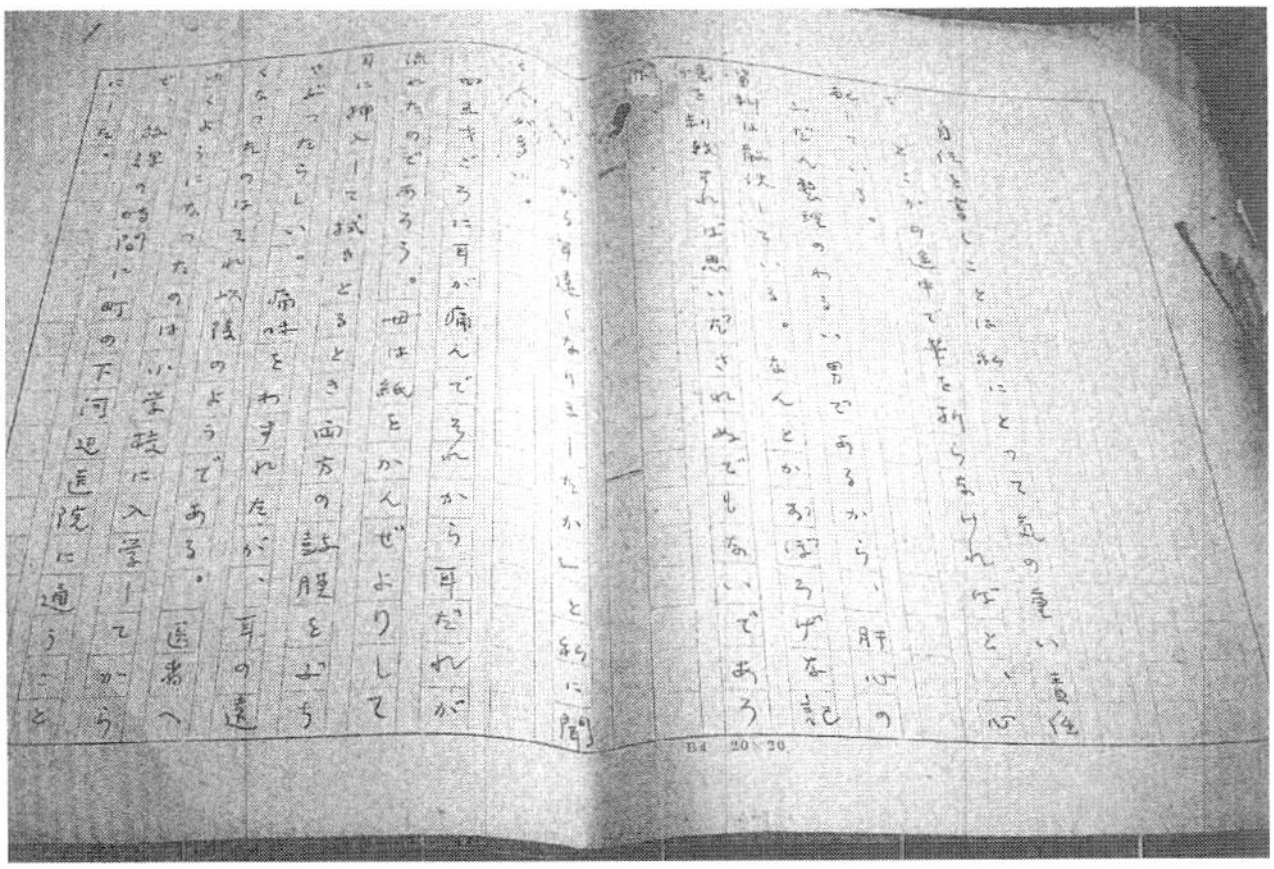

手書きの手記

私が会いたいと思う人は夕づつの光るかなたにいるにちがいないと思ったのだろうか。さびしさに耐えることは、自虐の行為である。そして反骨が胎生されるものと思う（手書き原稿の手記）。

耳の不自由さが、むしろ「笹の葉ずれは海の音に似る」と受けとる繊細な感性を青畝の中に育んだのかもしれない。

耳疾は、その後、治療を続けるも良くも悪くもならず、青畝は生涯不自由な思いをする。ところが、逆説的なようだが青畝の俳句には印象的な音の響く俳句や優れたリズム感を感じさせる俳句が多い。たとえば、次の三句はどうだろうか。

星のとぶもの音もなし芋の上　（大正十三年　二十五歳）
秋の谷とうんと銃の谺かな　（大正十三年　二十五歳）
病葉のひとつの音の前後かな　（昭和五十年　七十六歳）

一句目、中七に「もの音もなし」と表現されているために、無音の世界が強調され流星と芋畑の葉っぱだけの世界がどこまでも広がっているように感じられる。二句目、「とうん」というオノマトペが巧みで、この秋の谷はウイリアム・テルがでてきそうな西洋の谷のようにも思える。実り豊かな秋の谷にどこまでも響く谺が印象深い。三句目、夏繁茂した青葉の中、病虫害によって黄色く変色した一枚の葉がふっと落ちた。その音の前も静かではあったが、その幽かな音が消えた後には、以前にも増してゾッとするほどの静謐が広がっている。無音の音楽を聴いているようだ。このような幽かな気配を感じ取れる感性を青畝は持っていたのだろう。
では、次の句はどうだろう。

畔ゆきて又畔ゆきて焼きにけり　（昭和五年　三十一歳）
みちをしへ止るや青く又赤く　（同）
かりそめに住みなす飾りかゝりけり　（同）

住吉にすみなす空は花火かな　（昭和七年　三十三歳）
大空の羽子赤く又青く又　（昭和八年　三十四歳）
水澄みて金閣の金さしにけり　（昭和十年　三十六歳）
端居して水甕もそば鍋もそば　（昭和十八年　四十四歳）
高き画架低き画架組むさくらんぼ　（昭和二十三年　四十九歳）
沼の春家鴨は家鴨鴨は鴨　（昭和二十八年　五十四歳）
恋猫に高野街道伊勢街道　（同）
すずなりに生らして奈良の柿渋し　（同）
わが袖に君が袖にと馬酔木揺れ　（同）
南都いまなむかんなむかん余寒なり　（昭和五十五年　八十一歳）
ペレストロイカペレストロイカ虫滋し　（平成二年　九十一歳）

これらの句はいずれも韻を踏む、あるいはリフレインを巧みに用いることによって、リズムのよい印象的な句になっている。声に出して読めば気持ちのよさがよくわかる。耳が聞こえ難いということが、逆に他の人にない独特の感性を青畝にもたらし、生涯を通じて俳句の表現に生かされたと言えるのではないか。後年、青畝は次のように述懐している。

この節は電池のついた補聴器が普及して、はなはだ便利であるが、一得一失というか、世間の騒々しい中に静かな自分を顧みる時間を割かれるので、わざと補聴器を忘れることにしている。

（『俳句のよろこび』富士見書房）

二、俳句との出会い

大正四年畝傍中学三年の末頃、青畝は本屋で俳誌「ホトトギス」に出会う。青畝は当時を回想して次のように書いている。

霜降りの小倉服のくたびれたものを着た中学生の私。小説『不如帰』とかんちがいして俳誌「ホトトギス」を購った粗忽な文学少年が、これからホトトギス系の俳人として出発した。

（『自選自解阿波野青畝句集』白鳳社）

ちなみに、『不如帰』とは、徳富蘆花の小説で当時空前の反響をよび多くの演劇・映画の原作となった作品である。

青畝は、俳誌「ホトトギス」の中から大和の俳人を探し、当時郡山中学の英語教師であった原田浜人に手紙を書いた。浜人からは、「返信切手を入れなくてもよいからどんどん作った句を見せなさい」と、返書が来る。感激した青畝は、俳句に熱中するようになった。そのうち、周囲からも俳句好きと見られ、校庭の隅で俳句を批評し合う仲間も集まってきた。当時、畝傍駅助役であった市川八十瀬もやって来て、一緒に回覧雑誌も三号まで出した。中学五年のとき「倦鳥」（松瀬青々）の野田別天楼（国語の教師）が担任になり「倦鳥」にも誘われた。しかし、青畝には「倦鳥」よりも「ホトトギス」の方が魅力的であった。この「ホトトギス」誌を熟読して、季題を理解し、月並俳句という言葉も初めて知ったという。では、青畝が出会った頃（大正四年）の「ホトトギス」は、どのような俳誌だったのだろうか。

春風や闘志いだきて丘に立つ　　虚子

しばらく小説に熱中していた虚子が、この句を作って俳句に復帰したのが、大正二年で、虚子は四十歳だった。大正四年四月から大正六年八月まで、虚子は俳句評論『進むべき俳句の道』を「ホトトギス」に連載していた。その中で、虚子は、十七字と季題趣味を守る守旧派を名乗り、当時のホトトギス派の俳句の傾向を主観的であると肯定した上で、これから注意すべき四項目を述べ、自ら主観の雑詠選句の姿勢を述べている。

　第一は主観の真実なるべきことである。いくら主観句がいいといったところでそれが作りものや借りものであっては何にもならぬ。（中略）第二は客観の写生をおろそかにしないで、どこまでも客観の研究に労力を惜しまないようにすることである。（中略）第三は素朴とか荘重とかいう言葉を忘れてはならぬことである。第四は叙する事柄は単純であって深い味わいを蔵している句が一番好ましいことである。これは、客観の描写の単純であるばかりでなく、その句の上に表れている主観の色彩も単純であって、しかも底深くには溢れるような主観味が蔵されていることを望むのである。（中略）

　ホトトギスの雑詠の選をするのは虚子趣味を推し進めようとするのではない。諸君をして諸君自身の道を開拓せしめようとするのである。

（『進むべき俳句の道』）

次に、当時のホトトギスを代表する三十二名の俳句作家に対する各人評が続くが、その中から、青畝が手紙で師事した原田浜人の俳句二句を以下に挙げ、簡単に鑑賞する。

鶏二羽に朝戸繰りあり鳳仙花　　浜人
大鍋とのみよぶ陵や暮れの春

一句目、朝、雨戸を繰り開けてある、その庭に鶏が二羽歩き回り、鳳仙花の赤い花が咲いている光景が浮かぶ。明るい朝の光景だ。二句目、何々帝の御陵ではなく大鍋という俗称には逆に親しみが籠っており、暮れの春と響き合い、晩春のゆったりした気分が醸し出されている。この原田浜人が、青畝の俳句の師であった。

三、虚子への手紙

塔見えて躑躅燃えたつ山路かな　（大正六年　十八歳）

青畝は、「ホトトギス」の雑詠募集に毎月二十句ずつ二年間出して落選。その後、この句が初入選した。「塔見えて」と初めに出したことで、読者の目前に突然塔が現れる。次に、足下の躑躅《つつじ》咲く山路が続いていくという倒置法が効いている。

壺阪寺

この年、畝傍中学五年生になった青畝は、耳疾のため将来に不安があった。以下、青畝の手記である。

若月岩吉校長が私を呼んで、私に進学を諦め、実務に就いたほうがよいといって諭したが、ほんとうに情けなかった。　（『俳句のよろこび』富士見書房）

その年の十月、大和郡山の原田浜人宅で、高浜虚子（四十三歳）に初めて会った青畝は、その時のことを次のように記している。

虚子は最初、私に言葉をかけた。村上鬼城という立派な俳人がいる。この俳人は耳が遠く孤独な人だけれども、人よりもすぐれた作品を作るのだから、あなたもがんばればいいのですよと、難聴にひがみやすい気分の私を慰めた。私は、そのあたたかい一言が忘れられなかった。出会いの端緒である。

（『俳句のよろこび』富士見書房）

大正七年三月、青畝は畝傍中学を卒業した。七月、京都に下宿するが、十一月、スペイン風邪で長兄と末兄を喪うと、郷里に帰り、父親が支店長を務めていた八木銀行高取支店に勤務する。この年の青畝の俳句を数句あげてみる。

春暁や秣切る肩へ馬の息　（大正七年　十九歳）
夏虫をころして黒き油かな　（同）
緋連雀一斉に立つてもれもなし　（同）

一句目は春の柔らかな暁の中で、馬に与える秣を切る人。その肩に柔らかな馬の息がかかる。大きなものから小さなものへと焦点が移り、具体的な生き生きとした光景が描き出されている。二句目の油は、百足を捉えて漬け込んでおいたという菜種油だろうか。百足の毒が油に溶け出し、傷や火傷の薬になったという。毒が薬に変わっていく途中と思えば、夏の虫を入れた油の黒色はミステリアスな黒に思える。三句目では、「たちて」ではなく「立つて」という口語調の表現になっていることに注目したい。これは、後の「けふの月長いすゝきを活けにけり」が、「長き」ではなく「長い」になっているのと同じで、口語表現が生かされ柔らかい調子の印象的な句になっている。

翌年、大正八年の『阿波野青畝全句集』掲載句数をみると、三句のみ。二十歳の青畝は不調だった。その頃、守旧派俳風から客観写生へ「ホトトギス」の俳風を虚子が転換したため、元来主情派であった青畝は、浜人に追従する形で虚子に主観尊重を訴え直接手紙を書いた。以下は、青畝の手記と虚子の返書である。

主観こそ血の通う人間である証拠だ、啄木の歌を見ればよくわかる、と私が生意気に虚子に向け抗議を申し込んだ。どうせ返書はもらえぬと思ったところ懇切な直筆の巻紙がとどいた。(手書きの手記)

「御不平の御手紙を拝見しました。浜人君からも似よつた御手紙をもらひました。しかし私は写生を修練して置くといふことはあなたの芸術を大成する上に大事なことゝ考へます。今の俳句はすべて未成品で其内大成するものだと考へたら腹は立たないでせう。さう考へて暫く手段として写生の練磨を試みられたならあなたは他日成程と合点の行く時が来ると思ひます。不取敢其だけを御返事と致し置きます。

清」（『自句自解句集』）

この返書は二十歳の青畝の心に響き、手段として写生を修練し始める。と同時に、客観写生と主観の問題は、青畝にとって常に考え続ける問題となる。手書きの手記から青畝の言葉を引用する。

ホトトギス座談会において、写生というテーマを虚子らとアララギの茂吉との意見が分かれたことがあった。虚子は写生に客観の二字をかぶせて、子規の師説を守るには飽くまでも客観でなければならないと説く。ところが茂吉は、主観客観一元であるから写生一本でいいのだと強調した。（略）どうも私は茂吉説のほうが首肯し得る。之は、私の体験によってであるが、主観を虐待するような片手落ちな気がしてならなかった。

このホトトギス座談会は、「ホトトギス」昭和四年七月号に「漫談会「短歌写生の説」―俳句の客観写生」として掲載されている。青畝の言う茂吉説とは、茂吉の唱えた実相観入論（表面的な写生にとどまらず、対象に自己を投入して自己と対象とが一つになった世界を具体的に写そうとするもの）である。元々主情派の青畝には、茂吉説の方が共感できたのだろう。

私は懐疑を知らぬような人間をあまり興味におかない。懐疑は悟入の発端をつくる。まわりみちとなってもよい。師説を鵜呑みにする人の不消化よりもその人にとって幸福となる。夜があるから朗らかな暁に期待があるように、俳句に懐疑があって当然なのだ。爽やかに解決のある日を待つまでのあいだ焦燥苦悩は貴い経験である。この苦悩は後の悦楽を倍加するものだから。

（『自句自解句集』）

俳句を作るとは、俳句とは何かを問い続けることでもある。「俳句に懐疑があって当然なのだ。」と記す青畝の言葉は実作者なら誰でも共感できるだろう。青畝は、俳句を作り続ける一方で、俳句の写生と客観と主観の問題を考え続けることで、自分の俳句を確立していく。後年の青畝の記事を、次に引用する。

私は虚子師から懇書をいただいて写生に注意する勉強をしたのであった。心を入れかへてといふ恰好になるが、しかし今でも私は屈服したといふ気持ちはない。主観は尊重されなければならない。その主観を客観化することが、漸くにして身についたやうに判つてきたと言へるのである。

（「かつらぎ」昭和三十八年）

元々主情派の青畝は、「写生」を外界のみならず自分自身の主観（内面）をも客観化する方法と捉えている。

では、逆に、青畝は虚子をどのような俳人と見ていたのであろうか。以下に、青畝の手記を引用する。

虚子は元来抒情詩人である。自然詩人と見るよりも顕著な面があることは、ライバルだった碧梧桐と比較すればよくわかる。（中略）わたしは虚子も作家であると思っている。なぜならば作家である以上、指導以外の言うにいえない創作努力その実践が間断なく要求され、同じ型の句のみ踏襲していては策につきる。要するに師虚子は客観に新生面を発見し、しようと苦心した抒情詩人である。わたしは、師の最も秀れた広大な主情に惚れ、それによって育てられたと断言できる。

（『俳句のよろこび』）

聾青畝ひとり離れて花下に笑む　虚子

これは、昭和七年の春、青畝（三十三歳）達と洛西・十輪寺に吟行したときの、虚子（五十七歳）の作。青畝を見守る虚子の温かい眼差しが感じられる句である。ちなみに、青畝はこのとき「鉛筆で菫の花を掘りとりぬ」と作っている。青畝はその後、長らく自室に虚子筆の「花下微笑」の額を掲げていたという。尚、虚子は昭和二十五年熊野の花見でも、「少し老い尚ほ花下に笑む聾青畝」と詠んでいる。

第三章　たかむち句会

略年譜に、大正九年五月、郷里高取に「たかむち句会」を始めたとある（青畝二十一歳）。その句会が今も継続していると聞き、近鉄吉野線壺阪山駅近くのリベルテホールに出かけた。ドアを開けると、ベテランの女性十名ばかりの句会は賑やかだった。一番若いKさんが「この句会は、先輩後輩も関係なく、点数にも関係なく、何でも聞けるし、容赦なく何でも言えるところがいい。時に落ち込むけど。」と、話して下さった。出句、選句、合評も平等、司会も当番制、所謂女子会の雰囲気だ。句会後、責任者の辻慶子さんからお話を聞かせて頂いた。

鷹鞭《たかむち》とは高取山の別称です。私の舅の辻大牙は、青畝先生の小学校の後輩で、「たかむち句会」の初めの頃からのメンバーでした。他に、町内のクリーニング屋、散髪屋、薬屋など、皆青畝先生の小学校の後輩で、それに耳鼻科の医師（筆者注釈：青畝が幼少期より通っていた耳鼻科医で俳名を河芙蓉という）、小学校の先生方が参加し、十人余りで始めたようです。土佐校（小学校）が句会場でした。舅達は、銀行に勤めている青畝先生の勤務終了を待ちかねて、銀行の戸口に集まり、散会は決まって午前一時や二時、ずいぶん熱心だったと聞いています。

当時は、歳時記という便利なものがないので、今井柏浦・編『明治一万句』や『大正一万句』の中から兼題を選んだという。俳誌「かつらぎ」昭和六年九月号に「高取時代の青畝を語る」と題して、たかむち句会のメンバーが語っている。その中から引用する。

河芙蓉　今は昔青畝君が十歳位の頃、或る日（著者注釈：耳の診察に）遅く来た同君は、なかなか順番が来ない、さりとて診て貰はずに帰るといふ様な融通のきかない青畝君は柱に倚たれて弱さうな細長い顔をしわめ、涙をぽろぽろと泣きはじめた。「腹が痛いの」と問ふと「いやいや」をする。おなかが、すいたかと問ふと僅かに頸でうなづく。そこでいくばくかの乾菓子を紙に包んで渡すとやうやうに泣きやんで帰つて行つたが、その可愛らしい姿が今も日の光にちらつきますよ。同君に話すとそんなこと覚

へてゐないと言つてますが。（中略）

淡子　（たかむち句会発足）当時は句会の句を一句〻批評して飽くまでも自分の意志を強調しました、だから青畝君の句など、ひどく攻撃したのも度々でしたね。

鷹城　攻撃といふと思ひ出します、たかむち句会は青畝君の主唱でなつたものですが一日一句会もたしかさうだつたと思つてゐます、その一句会は仲々熱心なものでその批評も痛快にしあつたものです、お互大いに磨かれました。（中略）

美川　青畝君と河芙蓉さんとはいつも句敵のやうで前々回の句会の句まで引き出して議論されましたね。（中略）

鷹城　遂には青畝君が句会に来るにも言海を提げて来るやうになつたんですね。僕として常に青畝君に感心した事は必ず自分の句を他人に見て貰ふ事です。吾々のいかゞはしい返事でも、やはり考へ直してゐました。

後に、青畝は、「あの頃、倦鳥派のあの先輩（河芙蓉氏）の反論が句会ごとにあつたので、私も大変考へを深くし、研究もしたから今日の青畝に成り得たのである。もしあの論評を戦わす相手が無かつたら或は安易な道を這つてゐたかも知れん。言はば、反論してくれたといふことは私にとつて忘れられない恩師である。」と回想している（「かつらぎ」昭和二十八年三月号）。

俳人青畝は、郷里の句会の中で育っていったとも言えるだろう。
後日、Kさんから、大正十年発行の「たかむち」第六号と、昭和二十一年三月二十五日発行の「たかむち」三月号の二冊のコピーが届いた。大正十年発行「たかむち」第六号は十六頁ほどの薄いもので、ガリ版刷りの文字が並ぶ全くの手作りながら、ページを捲れば、当時の意気込みと熱気が伝わってくる。その中から、最初の「呼びかけ」と「消息」の文章を引用する。

始めて句を作らうとする人へ

あなたが始めて句を作らうと言ふのに始めから感心出来る句が作れようとは私達の思ひもよらぬ事であります。それですから何の恥しさもためらひもなく自分のほんとうの心の底からの欲求から作つてごらんになればよいのです。一体何事でも人の借りものは人のものであるはずです。俳句でも借りものでない自分のものを創らなければなりません。自分のものを創るには自分の心（鏡？）に自然にはっきりと正しく映すのであります。自然を子細に注意して見てをれば自分の心（鏡？）にはつきりと正しく映つてくるものがあります。それが自分のものになる句であります。

消息

たかむちは本号を以って丁度一年を閲することになります。僅かに六号まで出た訳ではありますが冬号の間に格別の進歩の跡をのこしてをります。恰《あたか》も竹に於いて筍の成長を見るやうにその進歩がよく目立っているのであります。然しこれからは伸びるだけ伸びた若竹が堅きものになるまでの目に見えぬ向上をはからねばならない所まで進んできてゐるのでありますから並に切に我々の緊褌《きんこん》を望むのであります。

我々はしばらくの俗務を離れて芸術の慰安を求めてゐるのであります。我々凡人が芸術を以ってパンを得られるものでないことは余りに分かりきってゐることです。それがややもすると本業を閑却して慰安にのみ熱中し易くなるのであります。これは永劫の慰安を受ける長い緒を灼き切ることに等しいと思ひます。又一面から言へば本業を全うしてこそそこに正当の責務に対する報酬として慰安を価値づけられるのであります。そこに素人芸術家《ディレッタント》の誇りがあるのではありませんか。自覚へ法悦へこれからの近途であります。

若者らしい気負いが感じられる。自らを素人芸術家と定義する姿勢と、俳句へのシンプルな情熱は、時代を超えて共感できる。次に、雑詠欄の泊露選と青畝選が並んでいる。その中から、数句を挙げて簡単に鑑賞する。

病む児眠《ね》て妻は月あるポストまで　紫光星
秋山の赭土どころ墓どころ　紅　也
まるき石の犬の墓にもまゐりやる　紅　也

一句目、「月あるポストまで」という表現が素敵だ。快方に向かっている病児に安堵する妻とポストが月光の中に浮かぶ。二句目、リフレインが効いている。あかつちと墓が同様に並べられ、やがて土に帰る墓が秋の山に抱かれている。三句目、「まるき」と「まゐり」のマの音の柔らかさが、犬に対する優しさを示しているようだ。
青畝は、俳文を寄せている。何ということもない話だが、万年筆やランプと格闘している人物の様子が、何だかおかしくて、昔の白黒の無声アニメのような味わいがある。

夜長　　青畝

ふと置いた万年筆を取上げて再び原稿紙へ下ろした。インキがつかぬ。何辺も強く圧へてみる。何辺もペン先の白い痕を撫でるばかりだ。ペンを見るとインキの青黒い滓が憎くさうに乾きついてゐるのに毎度腹が立つ。丁度そこへ夜長のランプが思ひ出したやうに昏くなった。ネジで巻き心を上げたが飢えたランプは赤い火の粉を吐いて沈んでゆくやうに昏くなり始めた。書くのを止めた。

その後、月例句会の会報が続き、最後に以下の記事がある。当時の女性の切実な思いが伝わってくる。今でこそ女性の多い句会だが、このような先達の思いに胸が熱くなる。

会友の御婦人方へ

私は、皆さんの御指導によって文芸の生活へ歩みつつあるもので御座います。現今の婦人ほど無自覚で感情に支配されるものはありますまい。私は文芸趣味によってこの境涯から光明の世界へ手をとって進みたいといつも思ってをります。その中でも、私等のやうに家事に忙しいものは、簡素で入り易い俳句によるのが近途であることを信じるものでございます。それで本例会にも出席してと思ひますが、ただ一人顔を出すことが何だか気が引けてなりません。どうぞ共々文芸趣味のため当地の先覚者を以て自ら任じ努めやうぢやございませんか。

（――女）

次に、この当時の青畝の句を数句挙げて鑑賞する。

天瓜粉に笑むや二つのさきがけ歯　（大正十年　二十二歳）
緋の襷畳にあそび枯木宿　（同）
畑打つや土よろこんでくだけけり　（二十三歳）
星懸けて地にうす影や花樗　（同）

一句目、「天瓜粉に笑むや」と問いかけ、それは「二つのさきがけ歯」だと答える形である。赤ん坊の前歯二本だけにスポットを当て、鮮明な印象の句である。二句目、枯木との対照によって、ぐにゃりと置かれた緋色の襷が、鮮やかで艶っぽい。三句目、土の後の平仮名書きは、柔らかな春の土を思わせる。四句目、空と地上の影、その間の樗の花へと視点が移動。きれいな光景が描き出されている。

阿波野青畝（34 歳）

第四章　大阪・切磋琢磨の時代

一、原石鼎と野村泊月

①原石鼎と青畝の俳句表現の比較

大正十年、「ホトトギス」の当時のスターとも言うべき原石鼎は、毎日俳句会、阪大俳句会を指導するために、毎月一回来阪していた。その会に出席した青畝（二十二歳）は、原石鼎の句の清新さに惹かれ、「鹿火屋」創刊とともに誌友となる。ここでは、青畝が惹かれた石鼎の俳句と比較して、青畝の俳句の表現を考えてみたい。

秋風や模様の違ふ皿二つ　　原石鼎
大富士は曇り鶉は天気なり　　青畝（昭和九年　三十五歳）
うれしさの狐手を出せ曇り花　　原石鼎
花篝罔両《まうりやう》肩を摩りにけり　　青畝（昭和十三年　三十九歳）

一句目と二句目は、どちらも平明な言葉を用い取り合わせが効いている。石鼎の句は、清々しさとうら寂しさの混じった秋風の雰囲気がよく出ている。二句目の青畝の句は、景が鮮明で大小の対比も面白い。三句目、曇り空の雲のように咲く桜の下で、浮かれた狐の手に出会うという幻想的な句。四句目の青畝の句も、花の夜の妖しい雰囲気を描いている。こうして並べてみると、石鼎の句のシャープな表現に比べ、青畝の句の表現は、ゆったりとしてどことなくユーモアが感じられる。

②野村泊月と青畝の俳句表現の比較
大正十二年の新春、青畝は、京都・高倉に野村泊月を訪ね、酒杯を傾けながら夜明けまで俳句について話し込んだという。この訪問の後、青畝は次第に石鼎を離れ、大阪の野村泊月選の俳誌「山茶花」の創刊に参加することになる。以下は、この泊月訪問について、後に書かれた

青畝の手記である。

夕日の沈む空が赤いとながめて便所に立った私は、それは西でなく東から昇る初日の空であることを奥さんに教えられた。京都の町家の庭が非常に狭いため、私の感覚を誤らしめたとも思うけれど、酔いがのこっていたのだろう。泊月の座辺に何本も空いたびんが立っているのを見て驚いた。その庭にやせた山茶花があった。うす紅の花をつけていた。（中略）『芭蕉七部集』を読め、せめて『猿蓑』を読みこなすようにと勧告されたのはその席であった。

直ぐ家に戻らず、明くる日の午後になるまで厄介になった。

奥さんはたくさんの量のある封筒を張っていたので、あそんでいるから手伝ってあげようと、薬の袋はりには慣れた手つきによって、郵便切手を見事にはっていったのである。（中略）ある新年の案内状だったらしいが、泊月は切手のはり方の不行儀さを見て立腹した。大きな声で奥さんをしかりつけた。奥さんは何も弁解しないであやまった。私がしたことだから私があやまるべきを、その勇気が出なかった。ただ黙々と他人事のように見ていた。私は一生このことが気になった。

（『俳句のよろこび』）

次に、青畝が温雅と評した野村泊月の句の烏を、青畝の句の鴉・鳶と比較し、青畝の俳句の表現を考えてみたい。

石段の榧《かや》の実拾ふ烏かな　　野村泊月

春鴉はずめる梢に身をまかす　　青畝（四十四歳）

凩やしばしば鳶の落ちる真似　　青畝（四十八歳）

隼を一過せしめて寒鴉　　青畝（九十三歳）

一句目、結句に烏を置いているため、榧《かや》の実の散らばる石段の上に、大きく黒い鳥が描き出されている。一方、二句から四句目の鳶や鴉は、「身をまかす」、「落ちる真似」、「一過せしめて」の表現によって、擬人化され生き生きと動いている。読者は鳶や鴉と一緒になって、梢に身をまかせたり、落ちる真似をしたり、隼をやり過ごす気分を味わう。しかも、二句目では、春の弾む気分が、三句目では凩の中でも遊ぶ鳶の余裕が伝わってくる。四句目では鴉の眼差しに寒の時期の厳しさが重なる。これらの句には、対象物と一体化する青畝の句の表現の特色がよく表れている。これは、大正十年、十一年の「緋の襷畳にあそび枯木宿」や「畑打つや土よろこんでくだけけり」にもみられる。

二、大阪の養家と結婚

大正十二年一月十二日、青畝（二十四歳）は一つ年上の一人娘・阿波野貞と結婚し、大阪市西区京町堀上通り四丁目の酒小売業阿波野本家に養子に行く。阿波野家は、元々酒造業を営んでいたが、青畝が行った頃には小売業に転じていた。厳格な養祖父と養父が健在で、家業の中心を担っている商家での暮らし。若い青畝にとって環境の激変だった。以下は、青畝の手記である。

私には俳句という楽しみが逃げ場であった。その逃げ場がなかったら、阿波野を飛び出したにちがいない。おとなしく借家の管理だけをつとめていたらよかった。私が俳句をたしなんでいると悪い遊びをしないであろうといって安心して俳句をみとめてくれていた。映画やカフェーには月に一度あるかなしといったあんばいで贅沢なことを考えず、また句会にさえ出るということも控えめにしていて、ただ自分だけの孤独の中で句を作り、句を練るという日常をすごした。（手書きの手記）

大正時代の阿波野家　養祖父庄平

ここで、大阪の養家、大阪をテーマにした俳句を挙げてその表現の特色を考える。

これと云ふ今日の用来ず金魚見る
青畝（二十六歳）
大阪やけぶりの上にいわし雲
青畝（三十四歳）
大阪の煙おそろし和布売
青畝（三十六歳）
うごく大阪うごく大阪文化の日
青畝（七十五歳）

一句目、子規が、カリエスの痛みを、金魚を見ることで紛らわして言った「痛いことも痛いが綺麗なことも綺麗じゃ」

という言葉を思い出した。青畝も、退屈な日々から、金魚を見ることへ視点をずらしている。そして、俳句に没頭する時間を過ごしたのであろう。二句目、大阪の都会の活気の象徴としての工場からの煙。その上を、いわし雲がたなびく、美しい光景である。三句目、取り合わせた「大阪の煙おそろし」と「和布売」の語句が響き合い、おそろしい煙には健やかさが感じられ、和布売にはパワーが感じられる。「おそろし」という異質な言葉の入った三句目の方が、二句目に比べて奥行のある、言わば、油絵のような印象深い句になっている。同じような印象を受けた句に、後の「黒き舌垂るる時化雲サルビアに」（青畝五十五歳）がある。この句も、時化雲の黒とサルビアの赤のコントラストが鮮やかだ。「黒き舌垂るる」という表現も具体的で漫画的だ。異質な言葉をぶつけて、巧みに言葉の風景を描き出すという青畝の表現の特徴が表れている。四句目、「服部良一作『大阪カンタータ』」という前書きのあるこの句は、昭和四十九年の作。リズムカルな言葉の繰り返しで猥雑な大阪の街の躍動感を表現している。

大正十三年に「ホトトギス」課題句選者となった青畝は、「蜜柑樹」（和歌山県田辺の福本鯨洋発行）の雑詠選者も頼まれた。しかし、この「蜜柑樹」の選者は二年で辞退している。というのも、大正十五年妻の貞が結核を発病し入院。青畝自身も心身に疲労を兆すに至ったからである。その後貞は退院し、昭和二年には、長男が生まれたが生後間もなく亡くしている。そんな中、昭和三年の長女多美子の誕生は、家じゅう誰にとってもとりわけうれしいことだった。

貞はその後も入退院を繰り返すが、退院時には転地療法を勧められ、西宮郊外甲東園、大阪市北畠などに青畝と家族三人で仮寓した。

かりそめに住みなす飾かかりけり　三十一歳

住吉にすみなす空は花火かな　三十三歳

昭和八年
阿波野貞病没後、分家の秀と再婚
前列左から青畝、秀、長女多美子

一句目、この飾りはお正月の飾りのこと。カ音の繰り返しによる歯切れよいリズムと明るさから、楽しい気分が伝わってくる。仮住まいのささやかなお正月飾りであっても、こんなに楽しい気分だと。二句目も、同様にス音の繰り返しが効いている。さらに、「は」の助詞が、この句の奥行きを広げている。すなわち、空いっぱいの花火が目に浮かび、この空は見上げている人達も暮らしをも含んでいるように感じられる。花火を見る住吉での暮らしは、まるで花火のように、束の間だけれど楽しいよと。この二句には、後に、「言葉はリズムを出して微妙な感情をつたえます。句作者は感情と言葉のリズム（ひびき合い）の一致を工夫したいものであります。」と語る青畝の言語感覚が生かされている。養子としての気苦労のある本家の暮らしを抜け出し、親子三人で暮らす気軽さ、楽しさが表現されているのかもしれない。病弱だった妻貞への愛だろうか。貞夫人は、その後結核が悪化し、昭和八年一月十三日に亡くなっている。

その後、青畝は、分家から阿波野秀を迎え再婚するが、その時、娘を心配する秀の母親の申し出により、阿波野家に貞の写真は一枚も残っていない。掲載の写真は、いずれも秀夫人との婚礼のときのもの。長女多美子は五歳だった。本家を大切に守る戦前の商家の暮らしがあったのだろう。

昭和八年、秀夫人と青畝

三、村上鬼城の来阪

虚子が、中学生の青畝を励ますために「耳が不自由でも立派な俳人がいます。」と言った、その村上鬼城は、群馬県高崎市在住の俳人だった。その鬼城が、大正十二年二月と大正十四年十月に、浅井啼魚の招きで来阪した。その折、青畝も大阪宰相山の啼魚邸で会っている。啼魚の協力によって刊行された『鬼城句集』も繰り返し読んだという青畝は、手記に次のように書いている。

鬼城のもつ世界は上州のつれない空風が吹きすさんでいる。上方特有のあたたかくつやのある人間味はない。きびきびと骨に徹る深刻感もよいにはよいが、関西の土地に育つ我々はもすこしにじみ出る艶やかさによるまったり円みのある気分がほしい。日常なじんでいる我々の日本語をほんとうに生かしてつかえば、あったかい血のかよう俳句を創り出せそうな気がした。（手書きの手記）

ここで、鬼城と青畝の俳句の表現から、その特色を考える。

冬蜂の死にどころなく歩きけり　鬼城
蟷螂や死にも果てずにはつ時雨　青畝（二十四歳）
念力のゆるめば死ぬる大暑かな　鬼城
念力もぬけて水洟たらしけり　青畝（二十五歳）

老妻の火燵にゐへるあくびかな　　鬼城

大山の火燵をぬけて下りけり　　青畝（三十三歳）

一句目、寒さで死ぬ運命にある冬の蜂が、死にきれずさすらっている。結句にある詠嘆の「けり」により切なさが増している。二句目の蟷螂も、冬の蜂とほぼ同じ運命にあるのだが、「は」の繰り返しのリズムがあり、結句に「はつ時雨」があるので冬まで生き延びたことへの肯定感がややある。現実の悲愴感を、少し視点をずらして受けとめることによって軽減するという俳句的発想が発揮されている。四句目も同様に、三句目の悲愴感に対してユーモアが感じられる句である。五句目は、老妻への優しさがユーモアとともに表現されていて好ましい。六句目は大山と火燵を取り合わせ、ユーモアのあるしかもスケールの大きな句になっている。

四、「小かぶら会」と「無名会《むめい》」

大正十二年（二十四歳）に大阪の商家・阿波野家の婿養子となった青畝は、翌春、大阪阿弥陀池の虚子歓迎句会で後藤夜半（当時は蓮華）や柳俳維摩《はいいま》らと出会い、「小かぶら会」に誘われる。

大阪に虚子を迎えての句会。後列左から三人目

以下、青畝の手記を引用する。

これが機縁となって、会員は北浜の株屋ばかりの「小かぶら会」に毎月出かけることになった。私は句会に行くのが、家風の都合で不自由だったが、この一つだけ、とにかく出ることができて大いに気を晴らし得たのである。

(『俳句のこころ』)

そのじぶんはお互いに着物できちんと角帯をしめ、黒い前垂れをしているときもあった。(後藤夜半と)同じ年配の柳俳維摩を加えて三人は俳句にかけては特に熱をあげ、私が北浜に用達があるたびに寄ると、すぐに三人は顔を集める習慣となった。(略)あるときは、橋の手すりに寄りかかり川風のきつく冷えるのに談論夢中であった。若い年頃のせいか風邪一つひかず、そして未解決のまま別れると必ず手紙を出すかしていた。（略）僕は大和からでたばかりの田舎者なので、浪華情緒に最もうとい立場にあった。ところが、曽根崎生まれという夜半には、芝居が出たり廓者がでたり、まるで西鶴物をおどろかされるように魅せられて、僕にはとても叶いっこない彼を尊敬したのである。（略）夜半と私との世界は共通することよりも対照的であった。私は夜半より多くの知識を確かに得たように思う。（略）

（『俳句のよろこび』）

当時、「小かぶら会」で共に研鑽を積んだという青畝と夜半の俳句を並べて鑑賞する。夜半には、「瀧の上に水現はれて落ちにけり」（昭和四年）という代表句がある。

もの憑《つき》の泣きし睫毛やはたゝ神　　青畝（大正十四年）

いなづまの花櫛に憑く舞子かな　　夜半（大正十五年）

白酒やなでゝぬぐひし注零《つぎこぼ》し　　青畝（大正十四年）

一句目、物の怪に憑りつかれたように泣いた娘の睫毛は、まだ濡れていて、きらきらと美しい。「はたゝ神」という表記から、神話の世界も思われ、激しい雷鳴ながら、号泣後の後味の

昭和初年、山茶花の催し、龍野聚遠亭にて
前列右より２人目青畝、３人目後藤夜半、４人目大橋桜坡子、その後ろ山本梅史、
右窓左端、野村泊月。その右隣、田村木国。左窓右より日野草城、その隣　皆吉爽雨。

よい爽やかさも感じられる。二句目、稲妻がピカッと光る。それは、舞子のきれいな結い髪に挿された花櫛に憑くように見えた。稲妻を髪に飾った舞子は、きりりと美しい。稲妻にも艶っぽさが感じられる。一句目も二句目も取り合わせの効いた表現である。

俳句の仲間と鑑賞した際、この雷の話になったとき、「私は雷が怖いのですが、こういう句を読み、雷を美しいと思う人がいるのを知ると、ちょっとうれしいです。」と言った人がいた。また、「美しさと怖さはちょっと近い感覚かもしれません」と言った人もいた。俳句を読むとき、自分とは異なるものの見方や、感じ方に触れることとは驚きであると同時にちょっとうれしいことである。

三句目、白酒という季語以外、「なでゝぬぐひし注零《つぎこぼ》し」と動作だけしか言っていないが、艶っぽい女性が想像される。恋の句かもしれない。これらの句は、青畝が大阪の町民文化に接することで生まれた句と言えるだろう。この「小かぶら会」には、就職して大阪に赴任してきた日野草城・山口誓子なども加わった。当時「山茶花」の同人だった青畝は、句評など俳句全般について率直に意見を交換できることが楽しみで、「山茶花」の合評会にも必ず出席していたという。その合評会と「小かぶら会」の中から、昭和二年「無名会」という句会が誕生した（『万両』）。当初の会員は、草城（二十七歳）、青畝（二十九歳）、誓子（二十七歳）、夜半（三十三歳）、爽雨（二十六歳）である。この若い集団の作句法について、青畝の著作から引用する。

その一つは万葉調が製作されたことであろう。（中略）席題では屡々意地わるい題をえらんで出した。キャンプとか、定家忌とか、穴惑とか。（中略）この時分のわれわれは対象の把握をするときに、まず言葉を考えて言葉をその対象においていかせる工夫をしていたようである。随って今日ほど対象に純粋ではなく、作家の色を匂わせることがおもであったかと思われる。

（『俳句のこころ』）

青畝と他のメンバーの句の中から引用し、青畝の句の特色を考える。

口笛を独そゞろぐ涼みかな　青畝
匙なめて童たのしも夏氷　誓子
穴惑顧みすれば居ずなんぬ　青畝
穴惑水をわたりて失せにけり　草城
穴惑ひ縞美しと嘆く間に　誓子

一句目と二句目は、暮らしの中の素朴な感動、実感を率直に表現している。一句目、気が付けばひとり口笛を吹いている。気の向くままのんびり涼んでいるよ。二句目、匙をなめなめ食べているこどもが楽しそうで、かき氷もおいしそうである。

次に、穴惑の句。『歳時記』（雄山閣）に、「古来、蛇は春の彼岸に穴を出て、秋の彼岸に穴に入るといわれてきた。『穴まどい』は、晩秋になっても入るべき穴を見つけ得ないで、のっそりしている蛇をいう。」とあるように、「穴惑」の季語そのものにすでにユーモラスな味わいがある。三句目、蛇に対して大袈裟に感じられる「顧みすれば」という措辞は、柿本人麻呂の「東の野にかぎろひの立つみえてかへりみすれば月かたぶきぬ」を下敷きにしている。人麻呂が「月かたぶきぬ」としっとりと詠い上げているのに対して、「居ずなんぬ」と切り返している。

そこに、おかしみがある。青畝自身は、「その頃、穴まどいの句というと、穴まどいがいたので引き返したとか何とか、常識的な句が多かったので、見方を変えて作ってみた」と言っている（『万両全釈』）。四句目、穴に入らず水に消えた蛇を描き、常識的な見方を少しずらしている。五句目、穴惑は、その縞がまだ美しいのに、もう穴に入らなければならない。それを嘆いて穴に入り損ねているという、作者特有の感じ方が表現されている。次の二句も同様に比較する。

獺の沼板の如くに轟けり　　青畝　昭和九年
ピストルがプールの硬き面にひびき　　誓子　昭和十一年

誓子の句からは新しい言葉による硬質な澄んだ音が想像される。一方、青畝の句からは、「沼」、「轟」という言葉から、もっとどろっとした音が聞こえる。どろっとはしているが、奥深く生暖かいような気もする。絵で例えれば、油絵のようである。撃たれた水鳥の命の懐かしさかもしれない。

では、青畝は、俳句表現をどのように考えていたのだろうか。昭和七年に「かつらぎ」に発表された山口誓子の句を例に挙げて、俳句の虚と実について、青畝は以下のように記している。俳句の言葉の表現についての青畝の考えがよく表れていると思うので、ここに引用する。

葛城当座帳　阿波野青畝

気焔

俳句は日本人が感情を詠ふ詩である。と、誰が叫ばなくても既に鉄則である。ところが、内心既に之を否定してかゝる性急者《せつかち》がないといはれない。言ふまでもなきことながら、虚子先生の言はれてゐる俳句は「花鳥諷詠詩」である。「花鳥諷詠詩」といえども、要するに感情を詠ふ詩の埒外に出るものではない。（中略）

虚実論

かりかりと蟷螂蜂の皃を食む　誓子

（中略）

虚実といふことがある。存在を現してゐるものが実である。存在を超えて現してゐるものを虚とするのである。

虚とは茲《ここ》では虚偽《うそ》を指すものでなく、架空《そらごと》を意味するものではなくて、実以上に真実《まこと》なるものである。

存在の実は完全ではない。現に実であると言へるだけである。現に実であることよりも、もつともつと根元的に実であることを求めるのが虚である。

完全な実は、実以上の真実は、実が完全へと展開する運動に触れて知られる。虚は実の展開化である。

蟷螂が蜂を噛んでゐる。同時に何か微弱な音位してをらぬとも限らない。これは現に存在してゐるもの、即ち実である。

さういふ音のするわけもなかろうといふのが実際なら、かりかりといふ音は即ち虚である。完全な存在となるべき真実である。決して架空の音ではない。（「かりかり」という措辞によって（筆者注）完全な存在を得た蟷螂は始めて生きた蟷螂となつて、十七文字の中に呼吸して何時衰へるといふことも知らずに居る。

（「かつらぎ」昭和七年五月号）


俳句が言葉のみによって構成され表現されるということを、青畝ははっきり自覚していたと言えるだろう。では、次の俳句は、どうだろうか。

紺青の蠅と大木ぶつかりぬ　　昭和七年
雨だれに似て文鳥や秋の雨　　昭和十二年
鴛鴦に月のひかりのかぶさり来　　昭和十六年

一句目、あの小さな嫌われものの蠅がとてもきれいだ。しかも、大木とぶつかっていく姿は健気で潔くもあり、ドン・キホーテのように憎めないおかしさがある。二句目、この雨だれは、ショパンの雨だれだろうか。魅惑的な雨だれと文鳥である。三句目も表現の工夫により、鴛鴦も月も魅力的になっている。

ところで、青畝が後に、「最も華やかな競争時代だった」と語るこの「無名会」は、昭和九年まで続く。以下、青畝の手記から引用する。

特に若い誓子は新しい題材をひっさげてわれわれを刺激するし、草城は官能の美をちらちらと見せるるし、この時は虚子の花鳥諷詠の埒内に活動しながら、ずいぶんと広い視野をあたえられた。これによって各々は十分に鑑賞力をもち句作力を旺盛ならしめたと言ってよかろう。(中略) 無名会の機関紙として「太陽系」を出してはどうか、つまり自選句を発表する場をつくる意見がでた。その他後進者が非常に殖えたから整理上必要な料金を定めようという運びにまで進んでくると、鎌倉からのお小言があったというニュースで、あっさりとこの企画は水泡に帰したわけであった。こういう世話一切を草城に任せてあったのである。草城の内心はどうであったか測ることもできないけれど。(手書きの手記)

五、涅槃像

葛城の山懐に寝釈迦かな　（昭和三年　二十九歳）

涅槃像とは釈迦が涅槃に入る（入寂する）ときの寝姿で、涅槃図には嘆き悲しむ高僧から鳥獣まで描かれ、春の季語となっている。私は、仏教寺院の宝物展で見たことがあるが、親しみを感じたのは、涅槃図が「生」と「死」の間の「喪」の時間を描いているからかもしれない。この句についての石田波郷の鑑賞を挙げる。

（上略）大和国原―葛城山―そのふところの一寺院その奥の涅槃像と、次第に景を集約してきてゐる。わづかに「の」「に」の二助辞を用ゐただけで名詞をつらねた簡略な叙法だが、千万の語にまさって大らかな幽寂の寝釈迦を描き出してゐる。葛城の山容と寝釈迦の姿が、次第に釈迦の微笑の顔をクローズアップするやうに迫ってくる力がある。助辞「に」が「の」でないことも注意すべき点である。

（明治書院『俳句講座6』）

葛城の山腹に直かに寝釈迦が横たわっているようにも感じる。この句が評判になり郷里大和の人々に頼まれて、昭和四年、青畝（三十歳）は俳誌「かつらぎ」を創刊、主宰する。全句集に収載されている六十四句の涅槃の句の中から、最初の句を挙げて鑑賞する。

なつかしの濁世《じょくせ》の雨や涅槃像　（二十七歳）

この句では、「なつかしの」は「濁世」と「雨」にかかっている。涅槃像を見ていると、濁世の雨も懐かしく感じられるという。ここに、我が身を突き放し、客観的な視点から眺めるという俳句的発想が伺える。以下、『自選自解阿波野青畝句集』から青畝の言葉を引用する。

飽くことなしに私は涅槃とか寝釈迦とかを多く詠んだ。実際に涅槃像のかかった寺をたずねて写生もしているのだが、中でも子供心に見せられたときの涅槃像が大変異様な印象をうけた、その久しい影響が句材になるというばあいも稀ではない。私は華美な明るさよりも何か神秘のささやくような陰翳の深いところを選んで詠もうとする。その頃の私の境遇上の心象もそれに適していたわけである。

涅槃は陰暦の二月十五日、しんとした静かな本堂は雨にふりこめられて暗い。線香の火だけ目立つ。「あちらでおうす一服いかがですか。」と住持が私を別の居間へよんだ。苔の庭が雨に一層さえて眺められた。濁世をすぐにいうけれど、かようなおちついた気分で一切を忘れるのも、生きている娑婆、浮世がなつかしいからだ。なに末世であるもんか。思いようでこの浮世はありがたくなるような気がする。音楽を聞くような雨のひびきがする。

尚、後の句に、「端居して濁世なかなかおもしろや」（四十八歳）もある。この句の「端居」は、「涼を求めて縁先でくつろぐこと」という夏の季語だが、「家屋の端近く出ていること。」（『広辞苑』）という意味もあり、中央でなく端にいる心地よさも暗に感じられる。次に引用する手記に、濁世を面白いと思う青畝の客観的な物の捉え方がよく表れていると思う。

虚子を迎えた句会には、正面の床柱に虚子が座ると、その左と右に陣取る先輩の顔は大概決まっているのであるが、虚子は私を手招いて近辺に座れと命令してくれる。そうすると虚子の左か右の隣席を私の座るように空けられる。これは耳が遠いためにめぐまれた余徳ということだ。私はこの余徳に浴する機会をずいぶんともらった。しかし、自由な気持ちにはなれなく膝を固くする思いをした。「青畝君、あまり上手にならないように。まあ、今の句位にとどめなさい。」私は何か判断しにくいことだったが、そうささやかれたから、はいかしこまりました、と答えた。いいこともあるし、都合わるいこともあるものである。
(手書きの手記)

さらに、涅槃の句を数句挙げて鑑賞する。

一の字に遠目に涅槃したまへる　(三十八歳)
足音がかたまつて来る寝釈迦かな　(四十八歳)
摩耶夫人ねはんの月へ駈けたまふ　(八十五歳)
早咲きの菜たねも咲いて涅槃かな　(八十八歳)

一句目、涅槃図の釈迦が、目を一文字にして遠くを眺める様子で涅槃していらっしゃる。この遠眼差しの寝釈迦から人間的な情懐が感じられる。二句目、「足音がかたまつて来る」という表現が、面白い。省略が効いてインパクトがあり、広がりのある表現だ。涅槃経の「一切衆生悉有仏性」(生きとし生けるものすべて、いつかは仏になる)も思われるが、ともあれ、様々な人々や動物たちの足音が想像されて楽しい。三句目、月光の中の摩耶夫人が美しい。四句目、涅槃図との対比で、寒咲き菜花の黄色がより一層鮮やかである。
次に、木魚を擬人化している句を漱石の句と共に挙げる。

どつかれて木魚のをどる寝釈迦かな　　青畝（八十八歳）
叩かれて昼の蚊を吐く木魚かな　　漱石

「どつかれて」、「をどる」という木魚の擬人化が効いて、この木魚も寝釈迦の周りの動物の一員のようにも思える。漱石の句にも、同様に木魚の擬人化は見られるが、青畝の句は、さらに、「どつく」という関西弁により、木魚が一層生き生きしている。以下の句も同様に関西弁の柔らかな表現が効いた句である。

朝夕がどかとよろしき残暑かな　　（四十七歳）
梅雨菌《きのこ》仲よう傘をならべけり　　（九十一歳）

一句目、日中の残暑は厳しい。しかし、その分、朝夕の過ごしやすさが「どかと」で強調され、ほっと安らぎさえ感じる。二句目、梅雨菌の生えている前で、仲よう傘を並べて来たなあと、男女が来し方を振り返っている。織田作之助の小説世界が思われるのは、梅雨菌と「仲ようう」という関西弁のニュアンスからだろう。

六、かつらぎ

昭和四年一月一日、故郷大和の人達に選者を頼まれる形で、青畝は「かつらぎ」を主宰創刊する。その創刊号が、柿衞文庫（伊丹市）に所蔵されていると聞き、出かけた。二十四頁のシンプルな創刊号は「葦烟帖」から始まり、そこに青畝の五句が左記のように並んでいる。

元日の田ごとの畦の静かな
お歳暮のしるべの道の一日かな
十五夜の一壺《いっこ》さがりて飲みにけり
水澄むとくびすを停《とど》む汀《みぎわ》かな
洛西
こゝろみの阪を下れば秋の水

俳誌「かつらぎ」創刊号の表紙

一句目、「の」を重ねて滑らかなリズムを出している。二句目、「しるべ」は、知人。四句目、「くびす」は「かかと」。秋の澄んだ水際に来た人のかかとだけがクローズアップされ、現代アートのようだ。

次の頁の青畝の「発刊のことば」には、「『かつらぎ』は当初から今後にかけて必ず何か俳壇に貢献するところがなくてはかなはないのです。」とあり、志の高さが窺える。次に、全国約一五〇名から投句があったという投句欄「一月集」が続く。その「其の一」に掲載の七句のうち三句をここに引用する。

やゝ寒や足で起こせし上草履　丹波　由良竹園
隣よりいろ〳〵の木の葉かな　和歌山　岩本貞子
寝おくれの鹿にあひたる良夜かな　大和　森島泉人

奥付をみると、発行所は、発行兼編集人、多田櫻朶の住んでいる奈良県高市郡八木町である。「かつらぎ」は、青畝の郷里大和の友人の協力の下、創刊された。二号以降、夜半、草城、誓子ら無名会メンバーの座談会参加、評論等活気を帯びていく。

誓子は、「青畝はありきたりなものを、誓子はありきたりでないものを、共にありきたりでない方法で追求し、強い同一性の上に立つ」と書き、評論「俳句の生理学」を連載し、連作俳句を募集し自らも発表している。青畝は、後に当時を振り返り、「誓子に比べられると私は進歩性に欠け、相変わらぬ旧阿蒙の徒にちがいない。しかしながら、それでも誓子の砥礪《しれい》が無かったとしたならば、私は果たしていかに努力したであろうか。とまれ、この時代こそ最も華やかな競争時代だったと私は今日も喜びに耐えない。」と語っている。（『俳句のこころ』）

「かつらぎ」は、当初、ホトトギスの関西在住の若者達の研鑽の場にもなった。後に青畝は左記のように回想している。

内向的に世間から離れやすい傾向を持つ、つんぼうの私であっての、世間に触れる努力によって人の美しい情に感じたりして、ぱっと戸を開けた生命の明るさを吸い取るようになった。（「手書きの手記」）

第五章　銃後の俳句・連句

一、銃後の青畝

「私は不合格で兵役を免除された。だから練兵の経験がない。銃をかついで歩かされたのは中学の機動演習しか無い」（『自選自解阿波野青畝集』）と語る青畝は、戦争中、俳句とどのように向き合っていたのだろうか。残された資料から当時の青畝とその俳句を考えてみたい。以下は、日中戦争中の昭和十四年一月の俳誌「かつらぎ」からの引用である。

聖戦の俳句は

阿波野青畝

（略）

今日の聖戦は多数の佳品を生む。戦塵の中より続々と俳人が育つてをる。俳句は心身の緊張によつて詠はれるものであつて、平和にのみ有る許りでなく、戦争にのみ有る許りでも又無いのである。

平和に馴れて心身の弛緩ありしもの一旦硝煙に触るれば忽ち別人の如くに大俳人の面目を持つやうになつた。

武士のみやびごゝろは祖先伝来である。

しかし武士のみやびごゝろを真似て得々としてゐるのは卑屈であり甚だしくみつともない。これこそ戦争文学のマスタベーション。

屍臭なき似非戦争俳句を峻拒せよ。パノラマ式興味を喜ぶのは頑是なき小児だけである。

（略）

戦争俳句を作ることと時局認識とを一緒に考経ては困る。

白刃の前に動ぜざる平静の鍛練といふことも又有る。お召がなければ私は敢へて其の道を採る。

（略）

銃後新春の句

二心誰ぞやあるべき初詣　　青畝

この句は、源実朝の「山はさけ海はあせなん世なりとも君に二心我あらめやも」を下敷きにして、自分自身に刃を突きつける激しい調子の俳句である。文章からも俳句からも当時の青年の一途な心が伝わってくる。戦時中であっても、「動ぜざる平静の鍛練の道を探る」と言う青畝自身は、戦争俳句をほとんど詠まなかったが、「かつらぎ」誌には戦場からの投句を受け入れていた。当時の青畝の選評から、その俳句観を考えてみたい。以下は、「かつらぎ」昭和十四年四月号掲載の青畝の十句評（戦地からの軍事郵便の句稿の選評）からの抜粋である。

餅搗の眞最中に命下る　　一村
血染りし肩章附きて衣更　　蕾橘
初明りしそめし窓の氷かな　　美葉
咲き乱る菊をのこして避難せる　　左仲
日本語を兵の教ゆる夜學かな　　左仲

一句目、青畝は、「(略)　餅を食ひたいと思つたことも正月を迎へることができると安心したこともすべて念頭から取り除いて、只命令一つの下に置換へられたのである。」と鑑賞している。餅搗という生活の時間の中に突然出現する戦争の命令は、ギャップがあるためよけいに胸に突き刺さる。

二句目の血染め肩章と軽やかな生活感のある季語「衣更」との取り合わせの句も同様だ。三句目について青畝は、「窓にふさがるやうな異様な形の氷は初明りをうけてゐるために美しくして、玉簾洞の如く一寸お伽噺《(ママ)》の国にでも住んでゐるのかと思はれる。」と、表現のまま受け止めている。四句目は、「あはれ難民の逃れた後には人が無く、菊の花ばかりが仲秋の時期を恵まれて咲き乱れてゐるのだ。陶淵明は東籬の菊を摘んで楽しんだといふこの国に生まれ育ちながら、今年は菊の節句も何もあつたものではない。支那の隠士が難民となつて故国を捨てなければならなかつたといふ感じである。」と、鑑賞し敵国である中国の人々に心を寄せている。さらに、五句目は、「「兵の教ゆる」は当分間に合せの先生である。さういふ夜学は時々笑はされる出来事などあるにちがいない。」と、鑑賞し敵味方双方の人間味を想像させる。俳句という定型詩は、本来、平和を希求する詩形なのだろう。青畝は言葉に誠実に向き合って鑑賞している。

また、銃後にあった青畝は、戦傷病者の慰問に出かけ俳話や句会を行っていた。『飛鳥』昭和十七年十一月号に掲載された「慰問俳話」から月の話を引用して、その作句の姿勢を考える。

慰問俳話　阿波野青畝

（略）

二三日前に十五夜の月が晴れわたり、皆様無心にその月を仰がれたでございませう。お心持はさまざまに動いて、中には「月見ればぢぢにものこそかなしけれわが身一つの秋にはあらねど」の百人一首のなじみの歌を思い出してをられた方もあつたでせう。又「月々に月見る月は多けれど月見る月はこの月の月」といふやうな月づくしの歌に興がつてみられた方もあつたでせう。（略）もし雨が降れば月を見ることはできず、一旦この雨を恨めしく感じます。しかしすぐ思ひなほされてまゐりまして無月の情緒を味ひます。無月といへども月明に劣らぬ面白さを十分持つてゐるのであります。雨が降つてくれたから無月を味へたので、その雨を感謝する気持にさへなりませう。（略）

この俳話から、青畝が俳句を作るときにも好きな和歌を思い浮かべ、特に月づくしの歌など、言葉のリズムを面白がっていることがわかる。そして、雨が降ったら降ったで雨を楽しもうという俳句的発想を持っていたことも。当時の青畝の無月、雨月、時雨、雨の俳句をここに引用して簡単に鑑賞する。ちなみに、『万両』は第一句集（昭和六年）、『国原』は第二句集（昭和十七年）である。

ガラス越し雨がとびつく無月かな　『万両』
雨月とて端へ心をいくたびも　『国原』
こころあて蜘もはづれし無月かな　『国原』
照紅葉さきほど時雨したりとか　『国原』
時雨るると仰ぎもすれば俯きも　『国原』
時雨とはなりて鈴鹿に遊びけり　『国原』
雨だれに似て文鳥や秋の雨　『国原』

『合本俳句歳時記』（角川）によると、季語「無月」は「旧暦八月十五日の夜、雲が広がり、月が見えないこと」とあり、「雨月」は「雨のため、名月が見えないことをいう」とある。一句目、雨雲の向こうの名月を思って窓の外を眺めていると、ガラス越しに雨粒がとびついてくるような気がしたという。二句目、雨月ではあるけれど、雨の向こうにある名月が気になってしかたない。三句目、あてがはずれたのは、私も蜘も同じだなあと蜘と心を通わせて楽しんでいる。

四句目からの季語「時雨」は、その定めなさ、はかなさが本意とされてきた（『合本俳句歳時記』（角川））。しかし、四句目は、さきほどの時雨により照紅葉が一層きれいになり、五句目では、時雨れてくれれば、あたりの木々を仰ぎ見たり地面の落ち葉を見たりするという。六句目も、時雨になったことを楽しんでいる。つまり、季語の本意をわずかにずらし新しくしていると言えるだろう。七句目、俳句の詩形の中で、雨だれと文鳥が響き合い、きれいな秋の雨が出現している。

二、連句

虚子による俳諧提唱に応じ、昭和十四年一月、虚子の捌きの連句興行に参加したことをきっかけに、青畝は連句を始めた。以下に、「かつらぎ」昭和十七年四月号に載った歌仙「入営の」の巻のウラ三句目までを掲載し、青畝の連句を考える。

歌仙「入営の」の巻（出勝）阿波野青畝　捌

入営の十津川村を出てきたる　阿波野 青畝
ところどころと冬に咲く梅　瀬野 直堂

松のひまいで湯は煙る岬かけて　堀内簾一楼
値のあがりしといふも草原　高林蘇城
うしろより月さし昇る気配かな　宮本白影史
露の筵に硯置きけり　北野里波亭
ゥわらぢずれ癒えぬ道心秋の風　青畝
あすはかならず足らぬ米櫃　同
一億の上に畏《かしこ》き詔《みことのり》　江川風史

二句ずつで構成される場面は、次々と転換しており、その場面の変化を楽しんで付句をしている。発句の「入営」は冬の季語である。十津川村から遠い道程を初年兵が歩いて来る。青畝は、「一寸悲壮な入営の気持ちをわかってもらえたら作者は満足する。」と自解している。尚、青畝は、「あばら屋を人垣すなる除隊かな」という句も作っている。除隊は、兵役を終えて帰ることで、冬の季語である。このウラ二句目は当時の世相をそのまま表しているが、三句目と相俟って、特別高等警察の検閲にひっかかったこともあった。ときに、皆で鉄カブトをつけて防空壕に避難しながら歌仙を巻き、至近弾を食らったこともあったという。尚、青畝が連句を作っていたのは、戦中戦後の短い期間であった。

三、終戦日の青畝

昭和二十年八月十五日阿武野陸軍病院慰問の依頼を受けた青畝は、句友に下記のような手紙を出して誘っている。

十五日に、阿武野の陸病慰問に出かけます。御同道如何でせう。しかし日曜ぢやないので貴殿には御勤務上御都合が悪いでせうしやつぱりダメかなア。八月四日

八月十五日の句会は午後一時から。ところが、その前に敗戦のラジオ特別放送があった。「ただならぬ動揺が起り、詔勅を涙を流しつつ謹聴した。そして国民の一人として、軍人としてこの惨めな事実にへなへなとくず折れて男泣きに泣いた。心は亀裂を生じ、広い深い穴があいた。」という参加者達に、「終戦のみことのりは下り、戦いには敗れたが、われわれは今こそ心のゆとりをいちはやくとりもどすため句会は決行す。」という青畝の言葉は響いたという。会場に集まったのは十二、三人。いつも通りの投句、披講、選句、選評の後、青畝は、参加者全員に、

聯落《れんお》ち（約五三×一三六㎝）サイズの雅邦紙に、以下の句を含む自身の句を揮毫した。

十六夜のきのふともなく照しけり　　青畝

この終戦日の句会の思い出は、退院後帰郷していった参加者のその後の日々に生命の灯として灯り続けたという。（「かつらぎ」昭和三十九年十月号）

第六章　アッシジの聖フランシスコ

一、青畝のキリスト教

「私がカトリック信者に加わったのは日本敗戦後間もなかった。それまでの私はキリスト教嫌いであった。妻や子から口をすっぱくして勧められていたが、それを耳に入れる雅量をもたなかったのである。U神父さんとはげしく討論をかわした日もあったほど、頑迷な国粋主義者であったが、ついに私の非が戦争終結によって曝露されたのである。公教要理を聞くようになってから、カトリックの精神を教えられ、自分の狭い量見のあやまちのおそろしさを知りはじめた。」

（『自然譜』）

このように書く青畝にキリスト教入信を勧めたのは、妻の秀であった。というのも、娘の道子が生後間もなく重い病にかかり、ルルドの水に最後の望みをかけた秀は、道子と共に洗礼を受けたという（昭和九年）。その秀は、終戦の昭和二十年十二月に栄養失調のため結核が悪化して亡くなっている。

剝く土筆ベルナデッタの墓のもの　　昭和三十年

ベルナデッタは秀の霊名。この句は、秀夫人の死の十年後に作ったという。また、そのとき、青畝は、「亡妻(秀)と宗教の論争をした声が耳にまだのこっているような気がするのであった。」とも記している。この青畝の言葉から、戦前でありながら、対等な夫婦像が思い浮かぶ。

昭和二十二年六月六日に青畝は、西宮市のカトリック夙川教会で洗礼を受ける（四十八歳）。住宅街にあるこの教会は、今も美しい尖塔がそびえ、聖テレジア大聖堂内では、定期的にバロック音楽の演奏会も行われている。ちなみに、青畝の霊名はアッシジの聖フランシスコ。青畝は、終戦後復刊されたカトリックの機関誌『声』の俳壇選者も引き受けている。

では、戦後クリスチャンとなった青畝の信仰と、その俳句への影響は、どのようなものだったのか。以下、『自然譜』から引用して考えてみたい。『自然譜』は『声』に掲載された青畝の俳話・随想をまとめたものである。

「こらえてきた冬を終って陽気な春に迎えられる自然の秩序は、四旬節の黙祷の後にくる復活祭のよろこびと軌を一つに体験しえられて、俳句するわれわれの幸福をしみじみ思うのである。(中略)きのうはマリアさまの被昇天であり、また日本降伏の敗戦記念日であった。悲喜両極のまじりあった感情で迎えた。きょうは送り盆の日、京都に大文字がともり各地で灯籠流しをするであろう。」

カトリック夙川教会
青畝が洗礼を受け、後に葬儀もここで行われた

青畝は、日本の伝統的な風俗・習慣、そして俳句生活に、カトリックの信仰を緩やかに融合させていると言えるだろう。後年、青畝は次の俳句を作っている。

礫像に据ゑ日の本の鏡餅　　昭和六十年　八十五歳

元来、歳神様に御供えする鏡餅をキリストの礫像にも、お供えするというのである。クリスチャンの日本人の家庭を想像すれば、ご先祖様をおまつりした仏壇もあれば神棚もあるだろう。それらを等しく敬い、御餅をお供えする。しかも、「日の本の」というゆったりした措辞からは、節操がないと批判する態度ではなく、むしろ、その大らかさと暖かさを肯定する態度が覗える。現代のように宗教の対立から悲惨なテロや戦争の起こる時代になれば、よけいにこのような大らかさが貴重なものに思える。

また、青畝は芭蕉（俳句）とカトリックについて、以下のようにも述べている。

「造化に随ひ造化に帰れ」という芭蕉の（略）造化とは、万物を創造した神、または天地宇宙自然などのことをさすのでありましょう。（略）たやすくいえば自然を尊び愛し愛されるこころがある。（略）これらはカトリックが神を信頼して随順を専らとする心がまえと軌を一にするように思う。

（『自然譜』一九六〇年十二月）

これは、ずいぶん飛躍のある考え方のように思われるが、清貧を愛し、蝉やコオロギ相手に話をしたという詩人であったアッシジの聖フランシスコ（青畝の霊名）に、青畝は、芭蕉と近いものを感じたのだろうか。

さて、青畝と同じカトリック夙川教会で洗礼を受けたという遠藤周作は、戦後、日本におけるキリスト教をテーマとした小説『沈黙』などを発表したが、同時期、俳人達もキリスト教という新しい句材に取り組む。例えば、昭和三十六年には『カトリック俳句選集』（中央出版社）が出版され、また、『俳句研究』（昭和三十九年七月号）は「クリスチャン俳句特集」を掲載している。その作品篇の秀句百句から、ここに数句を引用し当時のクリスチャン俳句を考える。

ガブリエル天使か北風にラッパ吹く　西東三鬼
花杏受胎告知の翅音びび　川端茅舎
放屁虫エホバは善しと観たまへり　川端茅舎
麦秋の中なるが悲し聖廃址　水原秋桜子
勇気こそ地の塩なれや梅真白　中村草田男
万緑やわが掌に釘の痕もなし　山口誓子

一句目は黙示録に出てくる世の終わりを告げる天使のラッパを北風に重ね、二句目は花杏に飛び交う虻の翅音をマリアへの受胎告知に重ね合わせて聞いている。「びび」というオノマトペが印象深い。三句目は創世記の天地創造に取材し、嫌われものの放屁虫も神エホバは他の生き物と同様に善しとみなしていると詠んでいる。四句目は「悲し聖廃址」からキリシタン迫害が想起され、「麦秋」からは、聖書の中の言葉「一粒の麦もし地に落ちて死なずば、唯一つにて在らん、死なば多くの実を結ぶべし。」が思われる。豊かな実りが美しい。五句目、「あなたたちは地の塩である。」（マタイ5章13）という聖書（イエスの山上の説教）の言葉が俳句の言葉の世界を広げている。六句目は緑あふれる自然の中で、自分自身の掌を見つめながら磔刑になったイエスを思っている。このイエスは、遠藤周作が描くイエスのように「私もあなたと同じように、いや、あなた以上に苦しんだよ。」と言い、悩める人に寄り添い悲しみや苦しみを分かち合い、共に涙を流してくれる母のような同伴者なのだろう。

青畝は、この「クリスチャン俳句特集」に俳句十五句を寄稿している。以下、その十五句の引用である。

万民よ我に来れ（習作）　　阿波野青畝

読初す右近は如何に為せしやと

白皙のマリア様坐《ま》す朧かな
受苦節の司祭青ざめたまひけり
聖堂は人こそ見えね五月闇
青蛙ルルドの水を呼ぶ音《ね》とも
暁の鐘ユッカは花の鈴ちらす
万民に御手を平らや露涼し
ロザリオを今膝にして星涼し
金曜の家庭はトマト美しき
司祭はや黒衣にもどり籐椅子に
裾長くまとひ盛夏の二タ修尼
夕蟇は二匹神父は孤独かな
いかづちや壁画の使徒ら十二人
墓参十字のつどふこの山に
地にひたと寝墓ら星の露うけて

どの句も、キリスト教を題材にした言葉の創り出す絵画が鮮やかに目に浮かぶ。特徴的な数句を挙げて鑑賞する。

金曜の家庭はトマト美しき

金曜日はキリスト受難・死の日。「家庭はトマト美しき」が印象深い。片方に人々に寄り添う同伴者としてのキリストの犠牲があるからこそ、トマト美しきという平和な家庭が際立つ。市井の人々の暮らしの健やかさが思われる。

司祭はや黒衣にもどり籐椅子に

儀式の後さっさと普段着に着換えくつろぐ司祭。自然体を愛する司祭の人間性が描かれており、共感を覚える。

裾長くまとひ盛夏の二タ修尼

真面目な尼僧様。でも本当はあの長い裾を、一瞬チョキリと切りたいんじゃないかな、夏の盛りには。尼僧の制服に隠された人間性が想像される。

夕蟇は二匹神父は孤独かな

「夕方の蟇二匹」と「神父の孤独」が対等に対比的に置かれたことによって、ふっとユーモアも感じられ「神父の孤独」という難しい抽象概念がシンプルにちょっと軽快になっている。これは、対句的表現の効果とも言えるだろう。青畝は、『自然譜』の「掌俳話」の中で、「リズムは人間の感情の波であります。喜怒哀楽の感情が説明ぬきでわれわれにつたわってくるのは言語のリズムが示してくれるのですから」と述べ、「言葉はリズムを出して微妙な感情をつたえます。句作者は感情と言葉のリズム（ひびき合い）の一致を工夫したいものであります。」と、自らの言語感覚を繰り返し述べている。

ここで挙げた句は、いずれも、キリスト教の題材を取り入れているが、そこには人々のふとしたユーモラスな姿が描かれている。すなわち、キリスト教の宗教性というよりも、愛すべき人間性が感じられる。

さらに、当時のカトリック俳句を引用する。

絵踏など知らずに母となりにけり　昭和三十年
クリスマスケーキは燭の垣根なす　昭和三十年

一句目、「踏絵」は古い季語であるが、この季語を作者が大切にしていることがわかる。二句目、ケーキにたくさんロウソクを立てたというだけだが、俳句にして垣根と言われると、ユーモアが漂ってくる。

次に、当時の句集『甲子園』の中から、引用し、カトリックを題材にした句と比較する。

推敲はなかなか出来ずちゃんちゃんちゃんこ　昭和三十六年
裏着たる魯《おろか》亭主やちゃんちゃんちゃんこ　同
左頬を向くる勇無く息白し　昭和三十九年
ロザリオにあやまつ汗は神ぞ知る　昭和四十一年

一句目と二句目には、自己を客観的に見つめる眼差しがある。ちょっと切なくユーモラスである。では、カトリックの題材を用いた句は、どうだろうか。三句目は、「右の頬を打たれたら、左の頬をも差し出しなさい。」（マタイ　5章39）という聖書の言葉を用いている。しかし、自分にはそんな勇気はないと、切り返し、自分を客観視している。四句目、ロザリオは、数珠様の輪の珠を繰りながら唱える祈り。つまり神への祈りを間違って冷や汗をかいていることは、誰も知らなくても神様だけはご存知だという。すなわち、この二句にも自己を客観的に見つめる眼差しがある。

さらに、後年の俳句もみていく。

信弱き我いかにせん右近の忌　　平成元年
信浅くともゆきわたる染玉子　　平成三年

一句目、右近はキリシタン大名の高山右近のことである。それに比較し、自身の信仰心の弱さを悩んでいる。二句目では、自分も含め信仰の浅い人々にも染玉子は配られるという。染玉子は、イースターの時に配られる玉子である。カトリックの洗礼を受けた青畝だが、客観的なものの見方という俳句的発想はその後も変わっていない。そして、そこに青畝俳句の特徴的なペーソスとユーモアが漂っている。

二、キリスト教の影響

では、青畝の言語感覚がカトリックによって大きく受けた影響はなかったのか。

海女の桶鮑べたべた吸いつけり　昭和四十九年　七十五歳
もげし肢もとに還らずきりぎりす　同右
補陀洛は地ひびきすなり土用浪　昭和五十年　七十六歳
風の日も股をひらきて女郎蜘蛛　昭和五十一年　七十七歳
鮟鱇のよだれの先がとまりけり　昭和五十二年　七十八歳
うたかたが粘る鰻の暑さかな　昭和五十三年　七十九歳
深沈としては煮こごる鮃かな　同右
蟷螂はなびける萩の落とし物　同右

大岡信は、これらの句を例示し、「残虐性を常態として受け入れてるね。拒絶してないんだよ。普通のいわゆる俳句的な小ざっぱりした美意識ではないんだね。むしろ、世の中には善もあれば悪もある。善悪と言ったけれども、それは抽象的な言い方で言ったんで、美しいものと、一見非常に醜く見えるものとか、あるいはさらっとして気持のいいものと、べたべたのものとが、両方とも存在しているという観念が身についてるところが大事なポイントじゃないかな。」と語り、「カトリックの教養としては、悪というものはこの世に必然的に存在しているものだという考え方（カトリックの世界においては、神に近づく一つの道だという考え方。もちろん親鸞にもあるけれど）があるから、そういう考えが（青畝に）自然に身についてきているという気がする。」そのため、「ものを見る場合に、ある種のものは美意識で拒否してしまうということは誰にもあると思うけれど、その拒否するのとしないのとの境界線ね。これが阿波野青畝の場合には、拒否しないというほうに境界線が広く入り込んでいる感じがする」と論じている。

威銃大津の皇子は天に在り　　昭和五十一年　七十七歳

また、この句などの構造性（ある一つの世界を描きながら、常にもう一つ別の次元の世界を、心の下のほうでたゆたわせている）も含め、「（青畝）の言語感覚の中には、世界をどう見るかという一種の世界観も組み込まれている。それを支えたのが、ひょっとしたらカトリック的世界観なのかもしれない」と語っている。（「俳句研究」昭和六十二年四月）。アッシジの聖フランシスコになった青畝の言語感覚は、カトリック的世界観の影響も受け、ますます自在になっていったとも言えるだろう。

第二部　青畝俳句の世界

最晩年の青畝

第一章　愛とエロス

一、愛

青畝は、戦時中の慰問俳話の中で「自然に向つて愛情が激しく動いて、はじめて、自然の美しさを歌ふのであります。」と俳句の生まれるときを説明し、「人と自然とが別々の離れたものと考へません。（略）人の中に自然があるといふことも出来ませうし、自然の中に人があるといふこともできるものでありまして、その関係は血をつないでゐる兄弟のやうなものと思ひます。」（「飛鳥」昭和十七年十一月号）と語っている。この「愛情が激しく動いて」は、元々主情派であった青畝の主情であり、表現の原動力なのだろう。後に、三橋敏雄は朝日文庫『富安風生・阿波野青畝』一九八四年十二月）の解説の中で、青畝を下記のように評しているが、青畝が慰問俳話で語ったこれらの言葉を鑑みれば、三橋敏雄の解説は的を射ていると言えるだろう。

青畝は、いわば一過性の戦争現象や個人的事情を超えた、永遠性と殆ど同義の「自然現象の生命」を、あくまでも爬羅《はら》剔抉《てっけつ》することにつとめたのであった。

ここで、最初に挙げた青畝の言葉の意味を、第一句集『万両』の中から二句挙げて具体的に考えてみたい。

狩うどの背にぐつたりと獲物栄え　大正十二年　二十四歳
をかしさよ銃創吹けば鴨の陰《ほと》　同

一句目、前述の青畝の言葉でみていけば、狩人と獲物とを対象に「愛情が激しく動いて」俳句が生まれた。実際、ぐったりとしているのは獲物だ。しかし、この俳句の表現からは、狩人がすっかり眠り込んでぐったりと重くなった自分の子どもを背負っているようにも思える。つまり、狩人と獲物に親密感と一体感が感じられる。見栄えのする立派な獲物が得られて喜ばしいはずが。『自選自解句集』で、青畝は、「書きとめては消し書きとめては消し、何度も消しゴムをごしごしこすって句帳の一行を汚くやぶいてしまったことがある。こうやって、自分で完成だと思う刹那の喜びは大変であった。『ぐつたり』の言葉を思いついたこと、栄の一字で『獲物栄』を活かしえたことは、推敲に推敲を重ねた収穫だった。」と、述べている。確かに、この「ぐつたり」の措辞によって、狩人と獲物の親密感が感じられ、相対する二つのものに一体感を与えることに成功していると思われる。つまり、死んでぐったりしている獲物の命と、狩りをする人間の命。他の生き物の命を摂らなければ生きていけない生き物の哀しみも思われる。二句目、青畝は、「鴨は歳暮の贈り物。籠の中からつがいの二羽をとり出した。毛並にてのひらをあててなでるてざわりがたのしい。（略）非常に惜しいこととためらいつつ、密生のこまやかな毛を左右にわが息をかけて吹きわけ吹きわけして銃創のありかを探した。そして致命傷を見つける

秀夫人と青畝

前に鴨の尻があらわれたのである。」と書いている（『自選自解句集』）。「非常に惜しいことと ためらいつつ」という言葉に、青畝の鴨への愛情がわかる。続けて、青畝は「いままで俳句では陰部を詠んだ人がない。」と書く。新しく俳句に取り入れる挑戦だったのだろう。この「陰《ほと》」を詠み込んだことで、この鴨の命の生暖かさまで伝わってくる。スカートがちらっとめくれたときのような、エッチなおかしさを表現しながら、最後にどきりとさせられる。人も鴨も等しく命を生きている。

さらに、戦後の句から二句挙げる。

ものの芽を風雨は育て且つ傷め　　昭和二十二年　四十八歳

初蝶来北海道の知人来し　　同

一句目、ものの芽は、風雨がなければ育たないが、風雨に傷つけられることもある。しかし、どちらも受け止めていけばよい。そう思えるのは、「育て」と「傷め」が並列に並んでいるリズムカルな措辞の効果だろう。二句目、「初蝶」と「北海道の知人」が響き合い、この初蝶は北海道からの使者のようであり、この知人は初蝶のような人に思える。ここに、「（人と自然の）関係は血をつないでゐる兄弟のやうなものと思ひます。」という青畝の言葉が生きている。小さな蝶と大きな北海道が並列されているせいか、蝶が大きくなり、北海道が小さくなるようにも思えて、クスッと笑えるユーモアも感じられる。

二、エロス

前項で具体的な俳句から見てきたように、青畝の言葉の「愛情が激しく動いて」は、他者に関心を持つことから始まる広い意味の愛情である。エロスも含まれる。エロスとは、一般に恋愛・性愛を指すが、人間の最も根源的な生命力でもある。そして、奥深いところから人を突き動かすものとも言えるだろう。青畝には、初期の頃から晩年に至るまで、エロスを感じる句も少なくない。以下引用し、その特色を考える。

①初期の作品

肘曲げし肌羅《うすもの》に動きけり　大正九年　二十一歳

畳踏む夏足袋映る鏡かな　大正九年　二十一歳

小出水に足浸しあひ谷間湯女　大正十四年　二十六歳
白酒やなでてぬぐひし注零《つぎこぼ》し　同
羅《うすもの》のからだをもみて踊るかな　昭和四年　三十歳

三句目を除いて、どの句にも「女性」という言葉は見当たらない。しかし、その動作の表現だけで、逆に十分に色っぽい女性が暗示されている。一句目、羅は、薄織りの絹布、絽や紗などで作った単衣のことである。肘を曲げた瞬間、腕の肌が動くのが羅を通して見えたという。二句目は、鏡に映っている夏足袋だから、さらに間接的である。しかも、「畳踏む」の措辞により臨場感が得られている。三句目、小出水は、小規模な出水の意。降雨で水嵩の少し増した谷川に素足を浸して遊ぶ温泉宿の女性たち。湯女とあるので、忙しい宿屋の女性たちのつかの間の楽しみなのだろう。切なさも感じる。四句目、雛祭の雛段に供える白酒。注零しを袖口でそっとなでるようにぬぐう動作がやさしい。五句目、纏っている単衣の中でくねらす身体は、火照って汗ばんでいるのだろうか。

籾かゆし大和をとめは帯を解く　昭和十二年　三十八歳

『自選自解句集』には、「初案『当麻乙女』はスケールが損になるので、『大和をとめ』と改めた」とある。「籾かゆし」にユーモアが感じられ、絵画的に言えば、ゴーギャンのタヒチの女のようだ。無邪気ながらたくましい女性が思い浮かぶ。

②恋愛句

汝《なれ》と我《われ》相寄らずとも春惜しむ　昭和十三年　三十九歳
風花の我より君に逃ぐるあり　昭和二十二年　四十八歳
汝《な》鋏まばあまくなるらし青蜜柑　昭和二十八年　五十四歳
わが袖に君が袖にと馬酔木揺れ　昭和二十九年　五十五歳
紅衣嬢の手をとらんかな青踏す　昭和四十三年　六十六歳
焼芋の懐ぬくめ恋めきぬ　同

一句目、身近に寄り添えない恋人なのか。切ない気分が春を惜しむ気分に通じている。二句目、風花の飛び散る中での二人。繊細な感覚に惹かれる。三句目、蜜柑山で蜜柑を摘んでいる娘さん、あなたが鋏で摘みとれば青蜜柑も甘く美味しくなるでしょうという。万葉集の「籠《こ》も

よ　み籠持ち　掘串《ふくし》もよ　み掘串持ち　この岡に　菜摘ます子（籠よ、きれいな籠を持ち、菜を掘るへらよ、見事なへらを持ち、この丘で若菜を摘んでいらっしゃるあなた）」と呼びかける求婚歌を思い出す。四句目、韻を踏んでリズムよく青畝の表現の特色がよく表れている。五句目、洋服の赤と若草の緑のコントラストがきれいだ。六句目、もらった焼芋を抱いていると体がポッと暖かい。これは恋？　それとも勘違い？　ちょっと切なくおかしい。

③女性への憧憬

春水に膝あてがひて伏し濯ぎ　昭和二十一年　四十七歳
角巻をずらせばすこし乱れ髪　昭和二十七年　五十三歳
くちびるにほつれ髪霧涼しといふ　昭和四十九年　七十二歳
湯浴女の腿に布載せ蛍待つ　昭和五十四年　八十四歳
柔肌と石と触れたる初湯かな　昭和五十六年　八十六歳
有馬の湯しづかなるとき妻も裸女　昭和四十三年　六十六歳

これらの句も、①初期の作品でみてきたように、身体の一部に焦点を当てて、その一瞬を描写することによって、全体を生き生きと浮かび上がらせている。すべて言い尽くさないところにかえってエロスは感じるものだろう。六句目、長年連れ添った夫婦。普段は、もう戦友のような存在だが、温泉に浸かって静かに頬を紅潮させている妻をみて、ふっと女性を感じている。

④雛人形

燭据うる吾に触れたまふ雛かな　　昭和十五年　四十一歳
わが膝に立ちたまふなれ納雛　　同
一燭のわなわなゆらぐ雛の恋　　平成二年　九十一歳

どの句も、擬人法で書かれており、雛人形に命が吹き込まれドキッとする。人形は、ときに人間よりも妖艶である。

⑤生命賛歌とユーモア

ひとの陰玉《ほと》とぞしづむ初湯かな　　昭和三十年　五十六歳

かがやける臀をぬぐへり海女の夏　　昭和三十七年　六十三歳
稲架けてみほとを隠す畝火かな　　昭和四十六年　七十二歳
初湯殿卒寿のふぐり伸ばしけり　　昭和六十年　九十歳

一句目、初湯とひとの陰《ほと》との取り合わせ。ゆったりした表現からユーモアも感じられる。『自選自解句集』に、「ボナールの『浴槽の裸婦』が展覧会に出ていた。いやらしくなくて美しいと思う画だった。」とある。初湯とボナールの画からの印象を取り合わせた着想だったのだろうか。二句目、生命は海から誕生したと言われているからか、命をかけた働き方のせいか、「海女」という言葉は、それだけで神々しい。健康的で、はりきった臀が浮かぶ。三句目、大和には、耳成山と香久山を男山に、畝傍山を女山に見立てた妻争いの伝説がある。その畝傍山のみほと（女性の陰部）を、刈り取った稲で隠そうという。スケールの大きさが楽しい。四句目、初湯殿と卒寿のおめでたさとの取り合わせによって、きれいなふぐりが出現している。また、「伸ばしけり」の措辞でのんびりした気分も醸し出されユーモラスでもある。実は、この句を前書きにして、飯島晴子が句集『儚々』の中に、「拝みたき卒寿のふぐり春の風」と返句を載せている。この句には、そんな粋なことをしてみたくなる楽しさがある。

青畝（65 歳）

第二章　アートな溲瓶《しびん》

一、青畝の俳句観

昭和二十六年に虚子が選から退くと、青畝は以後「ホトトギス」への投句を止めた。その後、主宰誌「かつらぎ」を中心に活躍した青畝は、どのような俳句観を持っていたのだろうか。以下は、当時選者を引き受けていたカトリックの機関誌「声」の「掌俳話」からの引用である。

現代の社会生活がいかにも息ぐるしい思いであるとして、それにしばらく目をそむけるべく社会とはあまりに関係のうすい自然の風景に視線を向けようという立場で俳句を作る人たちがある。

又それとは反対に現代の社会生活を句材として自分たちの戦から意気込みを表現すべきであるとして、それこそ生きてるしるしだからという立場で俳句をしようと考える人たちがある。その他の立場もあるようである。

俳句は宗教に似たものであるから、現実の奥にひそんでいる哲学的な思想を示すべきであると唱えた人たちも確かにある。

私はいずれを是としいずれを非としたくはない。その人たちの偽らぬ心を表現上に生かした作品を採る。だから第一に表現の巧拙が問題を解決すると思う。

表現に成功した作品は、いろいろの立場が充分に理解される。

（『自然譜』の「掌俳話」一九七四年）

この文章から、青畝が花鳥諷詠にこだわらず、幅広い視野で俳句を捉え、俳句の表現を何よりも重視していたことが分かる。さらに、その表現について「感情の語を露骨に並べずとも、うたうしらべ（リズム）が雄弁に作者の気持をはこんでくれます。（「掌俳話」）」と、言葉のリズムの働きを強調している。句会に参加したことのある人なら、言葉には情報を伝える以外に、リズムや、色や匂いのあること、表現によって言葉が響き合う詩の世界の面白さを経験したことがあるだろう。青畝も、そんな表現（言葉の世界）の面白さを大切にし、楽しんでいたのではないだろうか。

では、青畝のいう「表現に成功した作品」とはどのようなものだったのだろうか。同じ頃（一九七三年）高柳重信が書いた『阿波野青畝小論』からみてみたい。

水ゆれて鳳凰堂へ蛇の首　五十一歳

この鳳凰堂へ泳ぐ蛇も、普通ならば、「泳ぐ」という、いわば日常の常識的な情報のみちびくままに、平凡に見せられてしまうところを、逆に言葉の中で何もかも見抜いてしまったように、もっとも確かに「蛇の首」が見えている。そして、これほど確かに見られてしまったからには、この「蛇の首」が、また、ある日ある時、鳳凰堂へ泳いだ蛇として、まもなく姿をかくしてしまうわけにはいかなくなり、青畝の作品の中で、したがって読者たちの心の中でも、永遠に泳ぎつづけるより他はないのである。すなわち、この蛇も、いつしか、自由な時間と空間の間を自然に泳ぐ「言葉の蛇」になりきったのである。

（『誓子青畝楸邨―さらば昭和俳句』（立風書房））

ここで、高柳のいう「言葉」とは情報を伝える言葉ではなく、アートな命を持つ詩の言葉である。この蛇は、青畝の俳句の表現によって永遠の命を吹き込まれ「詩の言葉の蛇」になったと言えるだろう。

さらに、初学の頃『万両』を読んで青畝に私淑したという石田波郷の鑑賞も、以下に引用し同様に考えてみたい。

ガラス越し雨がとびつく無月かな　三十一歳

無月の句といえば、とりすました風雅めかした句がほとんどだが、この句のややいなしたユーモアの味も青畝だけのものであろう。中秋明月の夜は雨、満たされない思いはするが、雨なら雨で雨月の風情があろう。（略）ところが、作者はガラス戸の外側からぱらぱらととびついては灯色をうける雨をとらえている。（略）ガラスにとびつく雨など所詮トリビアリズムですよといってしまえばそれまでだが、青畝にとってこの雨滴たちは親しい愚かな小悪魔たちである。いきいきと生きているのである。「玻璃越しに」などといわないで「ガラス越し」、「雨の」といわないで、くだけて「雨が」と叙し、「雨月」と雨をダブらせないで「無月」とした用意など暖かい神経のゆきわたった句である。

（『俳句講座』明治書院一九五八年）

今では「ガラス越し」も「雨が」も普通に使われる表現になり、この句の面白さがわかりにくくなっているが、当時の波郷の鑑賞は、雨粒を「親しい愚かな小悪魔たち」と受け取る楽しい鑑賞だ。つまり、波郷は、感性で受けとめ味わっている。それは、月という雅な言葉に、俗語である、くだけた言い方（口語）を合わせるという表現にユーモアが生まれているからとも言えるだろう。ちなみに、雅語とは和歌以来の雅な言葉であり、俗語は雅語以外の言葉、例えば、外来語なども含まれる。俳句の表現を工夫する青畝は、新しさを追求し、以下のような句も遺している。

♨《ゆじるし》のたくさんなこと山眠る　　五十二歳

SNOOPY暑い〳〵と日向水　　九十歳

二、病閑吟

本章冒頭の俳句観を述べたとき、青畝は七十五歳であった。その表現の特徴を、以下の八十四歳の六月からの入院（腎臓障害のため兵庫医大に）を詠んだ十六句からみていく。

病閑吟

雲の峰わが手にせるは溲瓶《しびん》のみ
寝台の我をつんざく雷鼓かな
香水を撒かれて青畝病みにけり
夏痩の五指ひきしめてをる祈り
腎臓を一つうしなひ生身魂
命ありけり能なしの生身魂
剃毛の恥部ほとりうそ寒きかも
夜半の虫溲瓶の音を思ひけり
寝待月うすき衾に射しそめし

ひんがしへ膝をにじれば寝待月
ともかくも所思一句あり寝待月
点滴は間を見せて年惜みけり
病人と心得て屠蘇なめにけり
寒波の日溲瓶にかしづかれにけり
溲瓶にも飛込むがあり牡丹雪
節分の豆を溲瓶に打ちにけり

①言葉の溲瓶《しびん》

溲瓶の句からみてみよう。ここには何回も溲瓶を登場させ、表現を試みる青畝がいる。俳句形式の中で、溲瓶は季語と響き合い、リアルな溲瓶というより抽象性を帯びていく。手にした溲瓶は、かしづく溲瓶になり、節分の豆を打ちつけるようになれば、もう立派な友達だ。言い換えれば、ついには作者と一体化し、アートな詩の言葉の溲瓶になった。この句群の表現を、次の句と比較して考える。

水中の河馬が燃えます牡丹雪　稔典

青畝の句も稔典の句も、どちらも雅な季語と俗語（溲瓶または河馬）を取り合わせる表現構造である。身近な日用品である溲瓶に比べ、この河馬は、より一層現代絵画のようなアートになっている。一方、溲瓶の句では、日常生活から少しはみ出たアートな世界が創出されている。どちらも、言葉から発想し言葉を相手にアートな詩の言葉の世界を作ろうとする作者がいる。「節分の豆を溲瓶に打ちにけり」も、アートな言葉の世界だから実現するが、厳密に言えば、リアルな世界ではそうはいかないこともあるだろう。

②柔らかな語り口と方言の豊かさ

五句目を見れば深刻な状況とわかるが、七句目はどうだろう。

剃毛の恥部ほとりうそ寒きかも

「剃毛の恥部」という堅い表現に、「ほとり」や「かも」（古語の詠嘆の終助詞）という柔らかな表現を取り合わせた句。剃毛の恥部のあたりはやや寒いだろうな。手術前にこんな俳句をつぶやけば、重たい気分が少しは軽くなるだろうか。
同様に柔らかな語り口である関西弁の俳句をひとつ挙げる。

はたかれてあほらしき負力士かな　　八十六歳

力士からすれば、練習を重ねて挑んだ相撲。取り組みが始まると、はたかれて一瞬で負けてしまった。悔しい思いである。けれども、「あーあ、あほらしい」と思えた時にはもう気持ちは明日に向かっているのだろう。自分を突き放してみているのだから。ファンであれば、「あほやね。」は愛だろう。このニュアンスは関西弁ならではのもの。方言の豊かさが活かされた表現と言えるだろう。切なさをユーモアでふんわり受けとめることによって負けることへの肯定感さえ醸し出している。

③自己の対象化

香水を撒かれて青畝病みにけり

青畝の病室に香水が撒かれた。香水と言えば、妙齢の女性が想像されるところだが、病気になってしまった青畝がいるだけですよと、自らを自嘲的に突き放している。

命ありけり能なしの生身魂

「あり」と「なし」の対句表現で気持ち良いリズムが生まれ、肯定感が表現されている。やや自嘲的なユーモアも感じられる。この句にも、「言葉の命のもっている働きを大切にしないと、意味は運べても、心のうちの微妙なものは運べない。」という青畝の考えは、生きている。

「僕は、いま、ひとつ見たい対象がありますわね。その対象をね、とにかく、つきつめていくんですね。」と、作句の過程を語る青畝は、使う言葉がぴったりしなかった場合、「それはね、金庫の文字盤を、どんなに回しても金庫があかない。最後に、合うところへきてみると、すっとたやすくあく。そういうときに、〝しめた、よし出来た〟とね・・」と説く（『誓子青畝楸邨―さらば昭和俳句』（立風書房））。青畝は、言葉の、言葉による俳句を、まさにその言葉の中に見い出していたと言えるだろう。後年、「俳句で一番大事なものは」と聞かれ、即座に「言葉です」と答えたという。

青畝（66 歳）

第三章　狐火とものの け

一、狐火

狐火は、広辞苑には、「(狐が口から吐くという俗説に基づく) 暗夜、山野に見える怪火。鬼火・燐火などの類」とある。私は出会ったことはないが、幼い頃、寺育ちという近所のおばさんから、雨の日に飛ぶ青白い人魂の話をよく聞いた。怖いけれども、また、聞きたい、そんな話だった。狐火は、今では燐が空中で燃える現象とか、光の異常屈折の引き起こす現象などと解明されている。しかも、夜が明るくなり真の闇が消えてしまった現代では、実際にはなかなか出会えない。しかし、妖怪アニメがヒットし続けているように、この得体の知れない焔への関心と恐怖を人々が全く失ってしまうことはないだろう。ところで、青畝は生涯を通じて以下の十三句の狐火の句を遺している。

狐火やまこと顔にも一くさり　二十七歳
狐火にただ街道のあるばかり　二十九歳
狐火や幼ごころの山かづら　三十六歳
前置の悲し狐火物語　五十三歳
狐火を語る故老は生きてゐず　六十一歳
狐火に消《け》ぬべく女形息とめぬ（顔見世）　六十三歳
狐火を伝へ北越雪譜かな　七十八歳
余呉湖畔狐火ほどとおもひけり　同右
狐火の咄母郷を目のあたり　八十五歳
狐火の親子別れとなる夜かな　八十九歳
狐火を詠む卒翁でございかな　同右
狐火とおぼしからざる灯が走る　同右
トンネルか将又続く狐火か　九十二歳

ここで、表現法によって分類し青畝の句の特色を考える。

①人物との取り合わせ

狐火やまこと顔にも一くさり　　二十七歳

昭和元年の作。豊かな闇夜のあった頃、神妙な面持ちで狐火について一くさり語るその人は、余程怖い体験をしたのだろう。その顔はおかしいくらいに大真面目だ。周りの人々が固唾を呑んで聞き入っている様子まで想像される。「や」の切れ字で切って、人物を描く手法が生かされている。この句について、『自選自解句集』から青畝自身の解説をみてみる。

私は馬鹿だ。狐にたぶらかされ、ほんとうに狐火をこの私の目で見た実感があっての上でこの句が生まれたのである。

私の少年時代は電燈など一つもない。月の出ぬ晩はしんの闇夜。でも暫く闇も目に馴れると、ほんのりと足もとだけは見えるようになる。それから炉咄には妖怪談と狐狸で花が咲くわけであるから、夜道を歩くばあい、いつも気がかりに思うことなのだ。更けると村の灯は全部消えてわずかに枯木を見るのみ。枯木をゆする風の音が笛かと思え、私の心がしだいにあやしくなったのだろう。行手に提燈のように、しかし提燈ではない、暗赤色の灯が一つ見えた。つづいて一列に七八つポッポッと見え行列のようになった。私は半信半疑で、眼前の「まこと顔」にもという狐火におどろいた。賢明な読者は私の無知をわらうかもしれない。だが私も嘘はいわないで実感として説明する。

青畝は、ここで「まこと顔」はきちんと並ぶ狐火の様子と、大真面目に話す私の様子であると説明している。そして、狐に騙されたのかもしれないという。先年、「青畝を読む会」のメンバーと奈良県高取町の青畝の生家を訪ねたことがあるが、途中細くて急な山道を登ったことを思い出す。電燈がなければ、夜はずいぶん暗い山道であっただろう。実際、青畝は中学へ提燈を提げて通ったという。そんな少年時代の体験から、青畝は妖怪やもののけを身近に感じるようになったのだろうか。

狐火や幼ごころの山かづら　　青畝（三十六歳）

「山かづら」は暁に山の端にかかる雲。子ども心に夜明けに山の端にかかる雲を狐火とみたのだろうか。

狐火に消《け》ぬべく女形息とめぬ　　青畝（六十三歳）

この女形の句は「顔見世」の前書きがあり、歌舞伎に取材したものという。歌舞伎の役柄ではあるが、狐火との取り合わせにより妖艶な感じが醸し出されている。次の虚子の句も、宿の女性が艶めかしい。あるいはこの宿の女性は狐が化けているのかもしれない。

狐火の出てゐる宿の女かな　虚子

この虚子の句と、青畝の次の三句を比べてみよう。

狐火の咄母郷を目のあたり　　青畝（八十五歳）
狐火の親子別れとなる夜かな　　青畝（八十九歳）
狐火を詠む卒翁でございかな　　青畝（同）

これらの青畝の句からは、妖艶というよりも儚げながら懐かしささえ感じられる。十二歳のときに亡くしたという母の懐かしさだろうか。三句目を読めば、狐火好きの青畝翁が目に浮かぶ。こうして比較してみれば、青畝の句には、虚子の句の艶めかしさとはまた違う温かい抒情があると言えるだろう。

②地名との取り合わせ

地名を生かした蕪村および夜半の句と比較して考える。

狐火やいづこ河内の麦畠　　蕪村
狐火に河内の国のくらさかな　　後藤夜半
余呉湖畔狐火ほどとおもひけり　　青畝（七十八歳）

蕪村も夜半も河内を詠んでいるが、蕪村の狐火は麦畑にぽっぽっと灯る。夜半は、狐火の闇の深さを詠んでいて、河内の国の闇はどーんと凄みが感じられる。一方、青畝の句では、羽衣伝説のある小さな余呉湖畔のささやかな狐火。むしろ、暖かみさえ感じられる。どちらかと言えば、蕪村の狐火に似て、ちょっと会ってみたくなる狐火だ。

③その他の取り合わせ

イメージの鮮明な蕪村の句と比較して、鑑賞してみたい。

狐火や髑髏に雨のたまる夜に　　蕪村
狐火にただ街道のあるばかり　　青畝（二十九歳）
狐火を伝へ北越雪譜かな　　青畝（七十八歳）

蕪村の句、狐火と髑髏に雨の雫がたまる夜。髑髏によって狐火に恐怖感と凄みが増して、印象深い句になっている。二句目、闇夜に狐火だけが見えていて、手前から奥へ街道がうっすら白く延びている。東山魁夷の絵画「道」を思い出す。奥行き感がでている。三句目、『北越雪譜』は江戸時代後期の随筆（鈴木牧之著）。内容を知らなくても、その字面から北越地方とそこに降る豊かな雪の結晶の図柄が思われ美しい。この書物には雪国の狐火についての言い伝えなどが書かれているという。これらの青畝の句は、蕪村の句と同様にイメージが鮮明で、絵画のような味わいがある。

二、雪女郎

生涯、関西に居住した青畝は、七十五歳になって初めて雪女郎の句を作っている。というのも、養子だった青畝は昭和三十年に厳格な養父が他界してから、遠出の旅に出かけるようになり（五十六歳）、『青畝風土記』（句集・昭和五十七年発行）によると、全国全ての都道府県に出かけている。雪国への旅もして雪女郎に思いを馳せたのだろう。

かく行けば平家は住まず雪女郎（湯涌温泉）　七十五歳
をりをりに消えをりをりに雪女郎　同
雪田に足あともなし雪女郎　八十四歳
カチューシャを唄ふでもなし雪女郎　九十二歳
小説を脱け出して哭く雪女　同

四句目、ロシア民謡にあるように悲恋の雪女だが、カチューシャを歌うわけではないという。一方で恐ろしい妖力を持っているが故によけいにその哀切の深さが思われる。五句目は、小泉八雲の小説に出てくる雪女だろうか。人を愛し、その愛した人と子ども達を置いて別れてきたことを哭いているのか。フィクションである小説を逆に脱け出すところに、物語があるというのが面白い。

三、妖怪

天邪鬼肘をつきをる霜夜かな　　五十三歳
河太郎のくつがへしける布袋草　　六十一歳
蝶の昼棺の木乃伊《みいら》になりたしや　　六十三歳
飛倉の信貴しづまりし良夜かな　　七十五歳

一句目、天邪鬼は悪戯好きで、ひねくれものの小鬼。霜の降りる夜には、肘をついてつまらなそうにしている。悪戯をされれば困るけれど、こんな夜は、どうしているのか案じてしまう。二句目、カッパが布袋草をひっくり返したと見ている。三句目、青龍展出品川端龍子作「夢」と前書きにある。ちなみに、川端龍子は川端茅舎の兄で、「日の障子干柿うつす一文字」などの句も遺している。私は、先年この絵「夢」を美術館で見たことがあるが、薄暗がりの棺のまわりに金色の蝶が舞う妖しい魅力のある絵だった。青畝は、その絵を見て自分自身がミイラになりたいというのである。四句目、飛倉は信貴山縁起に出てくる空飛ぶ倉。倉が飛んで来てようやく鎮まり良い月夜になったところだという。「シ」の音が響き、臨場感が感じられる表現になっている。これらの句を読めば、青畝の意識の中には狐火も天邪鬼も河童もミイラも飛倉も、怖いというより、まるで仲間として存在しているようである。

烏貝河童の泥をもらひけり　　八十歳
逆髪の月かげ坂を踏みにけり　　同
藁塚に一つ目小僧縛らるる　　八十八歳
山姥は秋のしぐれをあざ嗤《わら》ふ　　同

一句目、あの黒い烏貝は河童の泥をもらったという。二句目、逆髪は頭髪の散乱したばけもの（『嬉遊笑覧』）で「能」では蝉丸の姉として出てくる。今では、ファッションとして髪を逆立てている若者もいるが、いずれにしても逆立った髪に月光が美しい。三句目、一つ目小僧はいたずら好き。叱られて藁塚に縛られたのだろうか。四句目、時雨はその定めなさ、はかなさが本意とされてきたが、ここでは、そのはかなさをあざ笑うたくましい山姥がいる。情緒に対して切り返す俳句（俳諧）の伝統が生きている。

青畝は、妖怪たちとも自在に交流している。

青畝（70 歳代）

第四章　ユーモア

一、青畝のユーモアとは

青畝は俳句のユーモアをどう捉えていたのか。ユーモアに関する青畝の解説を『自然譜』から下記に引用する。

俳句はよく滑稽を詠む。ユーモアを感じとるとき笑いの表情がほころびます。

最近カブトムシが流行で、伊吹山で一匹百円とあり、町で買うと三百円もするそうです。おどろきましたね。

一筋に糸まっすぐや甲虫　　高野素十

細い糸につながれている甲虫が這いだした。が糸の長さ以上の距離へ行くことができない。つまり糸に制約されているのですが、それを知らぬ甲虫はけんめいにあがいているためにピンと糸が張っているところを見ると、なにかあわれであり、又その偽りなき実景がおかしみを示します。

ごみを掃きとろうとして庭隅にかがみました。こそこそと這い出た一匹の昆虫と衝突したので私も昆虫も同時にハッとしたのです。するとまもなく臭い空気が鼻にながれてきました。この虫の放った排気ガスでした。ミイデラゴミムシを放屁虫と俳句では詠んでいます。

放屁虫《へひりむし》貯へもなく放ちけり　　相島虚吼

貯へもなくは面白いですね。危険を感じた虫のあわてぶりが見られます。この滑稽さは前の句よりよく理解できます。でも前の句は目にとらえたありのままを描いて、滑稽はその景色の裏にぴったり附いているのであります。

（『自然譜』一九七二年十月）

この解説から、青畝がユーモアを人の心を和ませるような、ほのぼのとしたおかしみと考え、それを大きく二つに分けて、一つは面白い措辞によるユーモア、もう一つは俳句の景の裏にぴったりと張り付いた、ペーソス（あわれ）を伴うユーモアと考えていたことがわかる。

二、ユーモアを生み出す表現法

では、実際に青畝の俳句を見てみよう。

大山の火燵をぬけて下りけり　　三十三歳

大岡信は、この句を鑑賞して、次のように語っている。

珍奇にして壮大。ちょっとほかの人には見出せない不思議な世界ですね。しかも、今の大山の句などは、いくつか大事なものを抜いて省いてあるわけだよ。火燵を抜けて下るという、その間にはエピソードがいろいろあるわけでしょう。その抜き方がうまい。（略）

パウル・クレーが、デッサンの技術というのは省略の技術だということを彼の絵画論の中で書いてるね。青畝には、そういうデッサンの確かさが唸るほどにあるわけですよ。

青畝自身、俳句練成の手段として、写生に努め、また、絵を描くことも楽しんでいたことを考え合わせれば、この大岡信の指摘は的を得ていると言える。『青畝風土記』には、「昼寝せずしてデッサンをしつづけて」の句があり、青畝の描いた黄葵図、櫻島噴火口、ローマなどのデッサン画が挿入されている。この句の中で、「大山」と「火燵」という言葉が響き合って、大きな大山の火燵から、大男の大きな足が抜け出してきたようなユーモラスな不思議な味わいがある。写生（デッサン）による省略の技法によって、ユーモアが生まれている。

秋刀魚焼いて火逃げし灰の形かな　　十八歳

青畝の第一句集『万両』の初めから二句目に掲載の句。書いてなければ、気に留めない「火逃げし灰の形」が、いろいろ想像されて面白いと思う。秋刀魚を焼けば、焼いた秋刀魚の方に目が行くところ、十八歳の青畝は、残った灰の形に興味を注いでいる。言い換えれば、青畝には視線をずらすという発想が当初から身についていたと言える。視線をずらすことによって、ユーモアが生まれている。

天竜に落ちむばかりに干布団　　六十歳

雄大な天竜川を目前にして、その雄大さではなく、干布団へ視点をずらして詠んでいる。大きな景色から小さな手元に視点が移り布団がクローズアップされる。天竜川に落としそうになりながら、必死で布団を干している人の姿まで想像されて、おかしい。と同時に、人々の必死さを思うと、チャップリンの映画のように、おかしさと共にペーソス（切なさ）も感じられる。

昼寝あわれ咽喉の仏のものを言ふ　　三十八歳
裸人みなよろめいて鮫計る　　五十三歳
赤い羽根つけらるる待つ息とめて　　五十五歳
山坊涼し火宅と仰せ給ひしに　　七十四歳
むだごとをするも慣はし去年今年　　八十三歳
紅梅に洗濯の紐ぶらさがる　　八十六歳
老僧の唄ふに似たるくしやみかな　　八十七歳

春の風邪うどんがのびてゐたりけり　八十九歳
春寒し釘はくの字になりたがり　同
納豆の糸切れにくき残暑かな　同

一句目、昼寝する人に近づき、その咽喉仏へ焦点を当てている。ここでは、クローズアップの技法が効いている。鼾を掻くたびに咽喉仏が揺れる。それを「ものを言ふ」と表現したのだろう。二句目、鮫を計る漁港で鮫ではなく漁師達に視点をずらしている。三句目の赤い羽根の句は、街頭で募金をすると針で羽根を胸につけてくれた頃のことだろう。羽根を付ける方ではなく、つけられる方に視点をずらしている。ちょっとそっくり返って、思わず息を止めてしまう人の姿を想像したら笑ってしまう。四句目、火宅と言っても視点を変えれば涼しい山坊。柔らかな語り口がよけいにユーモアを醸し出す。五句目以下も視点をずらすことでユーモアが生まれている。日常の中の些事ながら、その悪戦苦闘振りが切なくおかしい。「むだごとをするも慣わし」とする真面目さも、うどんはのびてしまい、釘は真っ直ぐ打てず、納豆の糸もなかなか切れない不器用さも、おかしく切ない。しかも、思わず共感してしまう。

虫好きの青畝には虫の句が多いが、中でも擬人化を用いた句は、虫の目線になった措辞のせいか「虫を人になぞらえる」というより、むしろ「作者や読者である私が虫になった」ような錯覚に陥る。それは作者の目線が虫の目線になっているからなのだろう。

端近く蜂のぶらつく残暑かな　三十三歳
合掌をして放屁虫《へひりむし》わかれけり　四十二歳
小さき奴児分顔して放屁虫　六十六歳
浅酌にこたふか蟇の夕ごころ　五十四歳
子分跳び親分跳ばず蟇　八十四歳
夕蟇と禅問答を仕る　八十八歳

一句目、ハ行の繰り返しによってユーモラスなリズムが刻まれ、嫌な残暑もやり過ごせそうな気分になる。二句目と三句目、共に合掌をして別れたのも、児分顔の放屁虫の親分も、きっと青畝自身なのだろう。四句目、蟇と心を通わす青畝。五句目の蟇の親分も、ひょっとしたら青畝自身かもしれない。六句目では、蟇と禅問答をするのだから。

舟釣瓶ぶつかけられし鮟鱇かな　五十二歳
鮟鱇のよだれの中に小海老かな　同

鮟鱇のよだれの先がとまりけり　七十八歳
出刃を呑むぞと鮟鱇は笑ひけり　八十五歳

鮟鱇は、扁平な体の大部分が顔で、大きな口に歯も多い深海魚である。一句目〜三句目は、写生句で、二句目と三句目は、よだれをクローズアップした面白さがある。四句目は、擬人化によって、ユーモラスな言葉の風景画（イメージ）が描かれている。
青畝は、その発想と表現法、つまり、写生による省略、クローズアップ、擬人化、視点をずらす、柔らかな語り口などを用いて、ユーモアを醸し出している。

三、季語の本意をずらすユーモア

『阿波野青畝全句集』には蓑虫の句が十六句あるが、その内の六句を挙げてその特徴を芭蕉の句、虚子の句と比較して考える。

蓑虫の此奴は萩の花衣　六十二歳

蓑虫のぬき衣紋してをどりをり　七十五歳
独り身の蓑虫ひとりこもりけり　八十歳
蓑虫の忍者身分の子孫かな　九十歳
居留守せる大蓑虫を捉えけり　九十一歳
小蓑虫単身赴任めけりけり　同
蓑虫の音を聞きに来よ草の庵　芭蕉
蓑虫の父よと鳴きて母もなし　高浜虚子

歳時記の蓑虫の本意から、次に引用する（平井照敏編『新歳時記』河出文庫）。

『枕草子』に、「みのむし、いとあはれなり。鬼の生みたりければ、親に似てこれもおそろしき心あらんとて、親のあやしききぬひき着せて、〈いま秋風吹かむをりぞ来んとする。まてよ〉といひおきて、にげていにけるも知らず、風の音を聞き知りて、八月ばかりになれば、〈ちちよ、ちちよ〉とはかなげに鳴く、いみじうあはれなり」とある。ここからはかなげに鳴いて父を乞う虫となった。

この歳時記の本意を読めば、芭蕉も虚子も本意を活かしていると言える。その上で、芭蕉の句からは孤独の豊かさが思われる。一方、青畝の蓑虫は、萩の花衣で美しく、ぬき衣紋して踊り、忍者の子孫であったりして楽しい。青畝は、蓑虫の季語の本意をずらすことによって、蓑虫の俳句の世界を広げているとも言えるだろう。居留守を使う大蓑虫も、小蓑虫になって揺れる単身赴任も切なくおかしい。三句目の蓑虫は淋しげだが、「ひとりこもりけり」というゆったりした措辞から、前述の芭蕉の句と同様の孤独の豊かさが思われる。総じて、青畝の俳句のユーモアからは、機知や理性的ではなく、人間的・情緒的な温かみが感じられる。

ホテルスポーティング（ローマのホテル）　青畝作

第五章　取り合わせで広がる発想

取り合わせは、短い定型詩である俳句の得意とする作句法である。その取り合わせの視点から、青畝の俳句を考察してみたい。

一、芭蕉と青畝

『三冊子』に、芭蕉の言葉として「春雨の柳は全体連歌なり。田にし取烏は全く俳諧也。」とあるが、青畝は、これを引用し、次のように書いている。

上品な、みやびやかな言葉で詠むのは連歌の世界だ、俳諧の世界では「たにしとる烏」、これを俳諧の世界だと芭蕉はいいました。「たにしとる烏」ということは、泥くさいですね。こういうものは和歌の材料としてはとりあげなかったのです。しかし、「たにしとる烏」が俳諧の世界だ、といったのは、普通の人が見落としているところをよく見よ、と教えてくれていると思うのです。

（『俳句のよろこび』）

この雅語と俗語の取り合わせについて、青畝の俳句を芭蕉の俳句と比較して考える。

鶯や餅に糞する縁の先　芭蕉
手鼻かむ音さへ梅の盛りかな　芭蕉
蠅一つさがりし御饌《みけ》にうまれけり　青畝　二十七歳
顔《かんばせ》や洟かみながら探梅行　青畝　二十八歳
陋巷の裏に表に菖蒲かな　青畝　二十九歳

一句目、雅な和歌では鶯は梅に来て鳴くが、この句の鶯は縁先の餅に来て糞をするという。二句目は、手鼻かむ音と梅の取り合わせである。芭蕉は、雅語と俗語を取り合わせて日常の中に美を見出そうとしている。三句目、神前から下げられた御供えに蠅が一匹生まれている。四句目は、二句目と同じ取り合わせである。五句目、陋巷は汚い町だが、菖蒲と取り合わされて、陋巷の猥雑さが好ましくも思える。青畝も、雅と俗を取り合わすことによって日常の美を表現し、俳句という詩形を楽しんでいる。

二、「さびし」との取り合わせ

紺青の蟹のさみしき泉かな　三十二歳

「紺青の蟹」と「さみしき泉」の取り合わせ。この蟹は、谷川の岩場などで見かける沢蟹だろう。この蟹からは、切ないような青春の孤独感が思われる。湧き出る泉の冷たさが孤独な心に寄り添い、独りの時間を豊かにしてくれている。ここで、青畝自身の解説を、以下に引用する。

このころ民衆はわけのわからない国情に緊張を強いられて生活していると、九月に満州事変へと導火《〔ママ〕》された。私は「紺青の蟹」に心を寄せることで瞑想をあこがれるようになったのである。もっとも、泉をたずねて実際に写生してきた。決して観念だけで詠もうとは私はしなかった。「手をやれば笊《ざる》を蹴《け》りをる泉《いづみ》かな」の句も同じ場所でできたのである。その泉は崖におおわれてこんこんと清冽な水を噴きあげた。竹の笊が浮いたままゆらゆらするので、手をやった。下方から笊を突き上げる力におどろいた。底をのぞいたら青く澄んで静寂相を感じた。

やがて目にとまった蟹、青い蟹が石のごとく居る。この世のものでない紺青の蟹、私の心に深く暗示を与えるところの蟹のように思った。

（『自選自解句集』）

青畝は国情の不安を感じる中「紺青の蟹」に心を寄せた、つまり、まず自らが発した言葉「紺青の蟹」に自らが惹かれたのだろう。その後、写生もしたという。実際に写生して作った「手をやれば笊《ざる》を蹴りをる泉かな」では、擬人化した泉と作者の手との交流がおかしく楽しい。独り泉に来て、ひととき豊かに過ごす作者がいる。

同じく、「さみし」に肯定感の感じられる芭蕉の句をここに引用し、比較する。

うき我をさびしがらせよかんこ鳥　　芭蕉

物憂い我は、まだ世間に未練がある。カッコウよ、もっともっと鳴いて、我を世間から引き離し、憂さささえなくなり、淋しさだけのある状態（清閑に楽しむような気分）にしておくれという句意。つまり、「さびしさなくは憂からまし」と詠んだ西行の、あの「さびしさをあるじとする」（嵯峨日記）心持まで、カッコウに導いてほしいというのである。「さびしさ」を、西行は理想とし、芭蕉も肯定的に捉えている。ただ、芭蕉は悩ましい憂き我を少々持て余し気味であるように思える。一方、青畝の句は、泉と取り合わされており、泉は、生命の源なので、より一層肯定感が感じられる。

では、次の句は、どうだろうか。青畝の自句解説と共に引用する。

鬱々と蛾を獲つゝある誘蛾燈　　三十三歳

（前略）現在の誘蛾燈は紫いろの蛍光燈を使っているけれども、当時は旧式なランプであった。灯の下に油をたたえた大きな受皿があって、灯にぶつかってくる虫の群をこの皿に溺れさせる。羽ばたいてもがく蛾がよく見られた。中には火屋の内部にはまり残酷に焼死してゆくのもあった。また火屋の一方が墨をぬりつけたように煤けることがある。（略）「誘蛾燈しきりに墨をぬりおりぬ」と作ってもみた。こんな古風な誘蛾燈を見ると、昔の灯ともし頃のあやしい情緒がふしぎに動いてきて、句作の気分を豊かにした。

（『自選自解句集』）

誘蛾燈が、「鬱々と」蛾を穫つゝあると感じる作者は、蛾の命にも心を寄せている。言い換えれば、捉える誘蛾燈の側と捉えられる蛾の側の両側からみている。「さびし」の語句はないが、鬱々とした寂寥感が感じられる句である。

旅淋し薺《なずな》咲く田の涯しらず　五十五歳
端居してはるばる旅の三日月を　五十六歳
和布買ふ石見益田の淋しさに　六十一歳

一句目、「旅の淋しさ」と「薺の咲く田んぼ」の取り合わせ。薺の咲く田んぼがどこまでも続いている淋しさは、気分の良い淋しさだ。二句目、はるばるやってきた旅先での三日月を見ながら縁先でくつろぎ満たされた気分でいる。一句目の旅の淋しさは、二句目の端居の気分に近いだろう。三句目の石見益田は、島根県の益田市の駅名である。「石見益田の淋しさ」に「和布買ふ」を取り合わせた句。この句の淋しさは、「和布買ふ」を取り合わせたことで、充足感のある淋しさになった。和布もおいしそうである。

玫瑰や遊子立つとき濤激す　　五十七歳
海の禽さびしからずや初日の出　　五十八歳
寒き今日母校の厠にほひせり　　同

一句目は、北海道のオホーツク海の海岸での句作という。岬の突端の小さな「ハマナスの花」と広大な「海の波」との取り合わせ。ハマナスの赤と海波の青の色の対比も効いている。ハマナスはぽつんと儚げであるが、海波が荒々しければ荒々しいほど、逆にそのエネルギーをもらっているようにも感じられる。独りの旅人も、激しい海波から、漠とした不安を感じつつも、逆にエネルギーももらうだろう。二句目は、「海を飛ぶ鳥に淋しくないかと呼びかけること」と「初日の出」の取り合わせ。新年を寿ぐおめでたい気分と、だからこそ逆に淋しい気分もある。三句目は、高取の小学校の句会での作という。「寒い母校」と「厠の匂い」の取り合わせ。厠の匂いの具体性が、時空を超えて、今日と昔の孤独なわたしをつなぐ。

ここまで、青畝の「さびし」の句の取り合わせをみてきたが、具体的な風景や物や動作と取り合わすことによって、イメージが具体化し鮮明になっている。

三、雅と俗の取り合わせ

例えば、次の千葉県・市川での句はどうだろう。

葛飾の田螺を食ひし鴨なりき　五十五歳
田螺売る真間のをとめにもの問はむ　同

葛飾は、真間の手児奈《てこな》という女性が、その美しさのため、多くの男性から言い寄られ困り果てた末に海に身を投げて亡くなったという伝説で知られる歌枕である。

勝鹿の真間の入江に打ち靡く玉藻刈りけむ手児名し思ほゆ　（山部赤人）
勝鹿の真間の井見れば立ち平し水汲ましけむ手児奈し思ほゆ　（高橋虫麻呂）

これら万葉集の歌は、この手児奈を憐み雅な世界にそのままに歌い上げている。一方、青畝の俳句は、その恋の雅な世界に田螺（俗）を取り合わせている。歌枕、葛飾という恋の情緒に流されず、田螺をしっかり食べる鴨はたくましい。二句目の女性は現代の真間の乙女。言い寄られて悩み、入水してしまうのではなく、田螺を売ってたくましく生きていく。鴨も女性も美しい。平成の女性ならば、あたりまえに思うかもしれないが、作句当時（昭和二十九年）は、どうだったのだろうか。万葉集と同じ題材を取り上げながら、取り合わせによって、新しい感覚が表現されている。

次に、湘南での句作。

湘南の海なめらかに目刺し乾す　五十五歳
日は照れど小雨は降れど目刺し乾す　同
法難の伊豆に住して目刺し乾す　同

一句目、「湘南の海」と言えば、現在では、サーフィンやヨットに興ずる若者たちと、おしゃれなカフェなどのある優雅な海辺を思い浮かべる。隣り合って、目刺しを並べて乾す生活感溢れる俗な世界。優雅な海辺と俗が響き合い、おしゃれな海辺にリアル感が加わり、目刺しはおいしそうである。二句目はリズムよく庶民のたくましさが表現されている。三句目、伊豆法難は、伊豆流罪となった日蓮が沖の「俎岩」という岩礁に置き去りにされた事件。助けられた日蓮も食べた目刺しかもしれないと思えば、日蓮が身近に感じられる。
これらの取り合わせによって「目刺し乾す」日常が、少し新鮮になっている。

四、切り返す青畝

ハイカイはフランスにあり翁の忌　五十歳
ルノアルの女に毛糸編ませたし　同

一句目、芭蕉の忌日に、芭蕉へ立ち返るのではなく、ハイカイはフランスにありますよと切り返し視野を広げている。そんな発想の自由さが、二句目の発想にも認められる。この句は、ルノアルの女と「毛糸編む」の季語の取り合わせである。ルノアルの女が編めば、暖かな帽子や手袋ができるだろう。毛糸を編む女性の周りは、あのルノアルの絵画のように暖かい雰囲気に包まれる。「毛糸編む」という季語がとてもおしゃれに豊かになった。

西行忌ホ句にあそべる我は生く　六十五歳

この句は、大阪府南河内郡の弘川寺での句作という。弘川寺は、「願はくは花のしたにて春死なむそのきさらぎの望月のころ」と詠んだ平安時代末期の歌人・西行がその歌の通り、桜の季節に生涯を閉じた地として知られている。その西行の「花のもとにて春死なむ」に対して、青畝は「ホ句にあそべる我は生く」と反論している（ホ句は発句、つまり俳句のこと）。

本稿の二、「さびし」との取り合わせの項で比較したように、「さびし」に対しては、青畝は、芭蕉、西行と同じように肯定的に捉えている。また、物事の両面を見ることで、命の持つ根源的な「さびしさ」をみつめる句もあった。ところが、この項の俳句では、芭蕉にも、西行の歌に対しても、切り返している。

この句を作った翌年、青畝は、次のように語っている。

伝統と伝習の区別をはっきり自覚しなければ古きになずむので進化がない。芭蕉さえ「新しみは俳諧の花なり」と強く唱えた。時代と共に移りつつある人間のわれわれは、われわれの生命の生きていることの反映がないはずはない。俳句を詠んで物を写すときは、自分というものを大切に見守るべきではないか。自分の影が物の形に伴うことがあってこそ、いとしみが深まる。自分の投影に自分の生命を写す。

（『俳句のこころ』）

このように、青畝は、雅と俗を取り合わせ、雅な情緒に対して切り返しながら、自らの言語世界を広げ、新しくしていったと言えるのではないか。そのような観点から、次の取り合わせの句を見てみたい。

尺取の首振る天の曇りけり　六十三歳
滝やさしからず女も弱からず　六十九歳
からし菜の花に廃船よこたはる　同
一閃の雷火のなかに青胡桃　七十三歳

一句目、尺取と天気は無関係であるが、この句を読むと、ほんの小さな尺取が首を振ったので、広大な空が曇って来たように思える。これは俳句形式の力だろう。俳句は短くて言いたいことも言えない不自由な詩形だが、関係ない言葉と言葉を時に関連付けたり、同等のものと感じさせる力がある。そこが、俳句表現の面白さだろう。二句目、青畝の女性観かもしれないが、滝と女を取り合わせたところが、素敵だと思う。三句目、からし菜の花と廃船が響き合い、花は一層活き活きし、朽ちていく廃船も美しい。四句目の青胡桃は雷と響き合って一層瑞々しさを増している。

絵付けを楽しむ青畝（86 歳）

第六章　俳句の言葉

『俳句研究』昭和四十七年九月号に、阿波野青畝の特集記事がある。そのなかで、昭和三年の秋「ホトトギス」の講演会で、「東に秋桜子、素十の二Sあり！ 西に青畝、誓子の二Sあり！」と語り、ホトトギスの「四S」を命名したと言われる山口青邨は、青畝の句作に関して、次のように言及している。

青畝は俳句の言葉に心を砕いているということを聞いた。なんでも閑があれば辞書をめくって何かよい言葉がないかと探す、よい言葉があればそれを使って句をつくるというのである。

（山口青邨『俳句研究』一九七二年）

青邨のこの見解は、一見ごく当たり前のことと思われるかもしれない。しかし、客観写生を標榜するホトトギス派にあって、自然観察が重視されていた当時の状況を鑑みれば、注目すべき見解と思われる。つまり、青畝は、諧謔味あるいはドラマ仕立ての俳句の着想を、まず、言葉に求めていたと言えるからである。

一、造語と新季語

案山子翁あち見こち見や芋嵐　二十六歳『万両』

「芋嵐」は、青畝の造語であるという。さといもの葉に吹く強い秋風で、さといもの葉裏が翻る様子が目に浮かぶ。「芋嵐」という言葉自体に、なんとなくユーモアを感じるのは、芋という言葉と嵐という言葉に異質なものを感じるからだろうか。また、案山子に翁という尊称をつけていることから作者の案山子に対する温かい眼差しが感じられる。

青畝自身は、案山子を季語としてこの句を作ったが、石田波郷がこの句から「芋嵐」が季語になると考え、『歳時記』に「この季題の創始者は阿波野青畝氏」と書き、

雀らの乗つてはしれり芋嵐　　波郷

一高へ径の傾く芋嵐　　同

の句を作ったところから、新季語として広まったという。因みに、波郷は、青畝の句が好きで、その句集『万両』の句をことごとく暗記していたが、生前の青畝に会ったことはなかったと言う。後年の青畝に、以下の句がある。

大山にゆさぶりをかけ芋嵐　　九十三歳

大きな大山に小さな芋が挑んでいる、切ないようなおかしさがある。ふぅと力が抜けるようなおかしさである。芋嵐という季語自体に、すでにユーモアがあるからだろう。芋嵐は、今ではたいていの歳時記に載っている。

寒波急日本は細くなりしまま　　五十七歳（一九五六年）

青畝は、気象用語の寒波をいち早く季語として取り入れたという。寒波到来の頃の天気図は、等圧線がたて込んでいて、北半球の隅にある日本列島は確かに細くやせ細って見える。漫画のように、日本列島自体が伸びたり縮んだりすると思うと、ふっとおかしい。

茲《ここ》十日萩大名と謂ひつべし　　五十九歳

この句、狂言の「萩大名」を取り入れていると読める。「つべし」は、完了（確述）の助動詞「つ」の終止形＋推量・意志の助動詞「べし」で、（萩の咲いている）ここ十日ばかりは萩大名と言っておきましょうとなる。青畝は、自宅の庭に萩を植え、この句に「小庵の萩」と前書きをつけている。歌をなかなか覚えられず太郎冠者に笑われる萩大名は作者自身だろうか。自分をピエロに仕立てるこんな喜劇は、作者の、そして読者の笑いを誘う。ふっと心が解きほぐされる。

鯥五郎鯥十郎の泥仕合　　七十六歳

ハゼ科のムツゴロウは、春の季語。有明海が有名である。日本三大仇討ちの一つ、鎌倉時代初期の仇討ちの曽我兄弟との取り合わせの句である。鯥十郎は、青畝の造語。しかし、この句のリズムの良さから、仇討ちの歌舞伎などを知らなくても、「ムツゴロウと一緒に干潟で泥まみれになって、あなたも人間ムツゴロウになってみませんか」と誘われているようにも読めて楽しい。小さな魚のムツゴロウと人間を同等にみるという俳句的発想が生きている。

朴落葉ちんちんもがもが蹴とばされ　　九十二歳

裏が白くて大きな朴の葉は、香りもよく存在感がある。「ちんちんもがもが」は、呪文のようで面白い。この「ちんちんもがもが」は、片足飛びの子どもの遊びで、もとは子どもの唱えごとから出た言葉だと、『小さき者の声』の中で柳田国男は言っている。続きを以下に引用する。

子ども達は、新しい要素をつぎつぎに導入しながら、遊びの世界を豊かな面白いものにし、同時に新たな言葉や唱え言も生み出していったのである。

（『小さき者の声』三国書房、一九四二年）

柳田国男の考えは、俳句にも通じるようで示唆深い。青畝も、新しい要素や言葉を導入しながら、俳句の豊かさ、面白さに挑戦したのではないか。

二、絵画と言葉

牡丹百二百三百門一つ　　五十二歳

山又山山桜又山桜　　五十七歳

一句目、牡丹の花を百から三百までどんどん広範囲に広げて見せて、最後に門一つで、ぎゅっと引き締めている。二句目は、名詞だけで構成され視覚的にも印象的な句である。山々に山桜の淡い桜色が何度も塗り重ねられている。いずれの句も青畝の絵心が生み出した俳句と言えるだろう。

声に出して読めば、スケールの大きな絵画を目の当たりにした時のように、広やかな気分になる。

青畝は、二十四歳で結婚し来阪後、耳疾のため近所に住む耳鼻科医の皿井旭川の診察に通っていたが、その旭川は俳句の仲間であり絵も描いていた。旭川は、診察後、白衣のポケットから俳句手帳を出して俳句の話をするのが常であったという。ある日、診察後に通された部屋に、毛氈をのべ筆と硯が用意されていた。青畝は、そこで旭川の診察が終わるまで朝顔の写生をしたのが、絵を描く楽しさを知るきっかけだったという。後年、出版された『わたしの俳画集』を開くと、果物や草花のスケッチ、旅のスケッチ、自画像などが並んでいる。

にょっぽりと俳画集成り今日の月　　九十三歳

これは、鬼貫の「にょっぽりと秋の空なる富士の山」をふまえている。青畝が、同じ関西の俳人として鬼貫のことも大切に思っていたことが分かる。
また、青畝は、五十歳以降、ルノアール、モナリザ、ムンク、ピカソ、ボッティチェリ、モジリアニなどを題材に作句している。外出時には、よく美術館に立ち寄っていたという。

ドラクロア展京に来しとき雷至る　　七十歳
数へ日といへどもムンク壁に佇つ　　八十五歳
ビーナスの貝に容れたしさくらんぼ　　八十七歳
シャガールの空を探せる春の蝶　　九十三歳

二句目、数へ日とムンクの取り合わせである。ムンクの絵画・叫びが目に浮かぶ。多忙な現実を抜け出して絵画の世界に遊んでいる。三句目、ボッティチェリのビーナス誕生が目に浮かぶ。その貝にさくらんぼを容れたいという。四句目、恋人たちの飛んでいくシャガールの空と春の蝶が響き合っている。

三、オノマトペ

青畝には、巧みなオノマトペの俳句が多いが、「ころころ」、「にょき」など大人にはあまり意味のわからないオノマトペを、まだ生まれて数か月の乳児たちがキャッキャッと喜ぶ。人のコミュニケーションは、オノマトペから始まるようだ。オノマトペの俳句は、声に出して味わえば、大人の心にも直に響いて来る。青畝は「言葉の命のもっている働きを大切にしないと、意味は運べても、心のうちの微妙なものは運べない」と語るが、オノマトペは、そんな心のうちの微妙なものを運ぶとも言えるだろう。以下に、青畝の句を引用する。

しろしろと畠の中の梅一本　　大正十四年　二十六歳
来し方を斯くもてらてら蛞蝓　　昭和九年　三十五歳

夜業人に調帯《ベルト》たわたわたわたわす　同
鈍き鎌ぼそぼそ振るや粟畑　昭和十年　三十六歳
鯊《はぜ》の湖帆船《はんせん》その他影よたよた　昭和十四年　四十歳
潮騒にたんぽぽの黄のりんりんと　昭和二十三年　四十九歳
春潮に薄暮ずんずんずんずんと　昭和二十四年　五十歳
げじげじの命ちりちりばらばらに　同
太き尻ざぶんと鴨の降りにけり　昭和四十二年　六十八歳

一句目、「しろしろと」という清音のオノマトペが、白梅の清楚な感じを思わせ印象的である。青畝自身は、「結晶体のような感じ」と語っていたという。二句目、蛞蝓が通った跡に出来る銀色の道を「てらてら」と表現しながら、自分自身の生きてきた道も蛞蝓になぞらえ振り返っている。その軽さに共感する。三句目、発表当時の町工場の様子がよくわかる。オノマトペが巧みである。四句目、ミレーの『落穂拾い』のような光景。貧しさの極みのようで自嘲的。しかし、結句の粟畑が揺るぎなくて、逆に貧しさの中の余裕も感じられる。現代においては、こういう貧しさはむしろ文字通り豊かなことかもしれない。五句目、何もかもがよたよたして船酔いしそう。自嘲的なユーモアだろう。六句目と七句目は、口で唱えていれば、元気が出てくるだろう。八句目、命以外は全て平仮名になっていて、それが視覚的にげじげじの姿を表してもいる。さらに、「ちりぢりばらばら」であれば常套句であるが、「ちりちり」が命の消える前のまだかすかに動くげじげじの脚を表現している。九句目、「太き尻ざぶんと」と始まり何か大きなものを期待させて、それは「鴨の降りにけり」と種あかしをしている。そこにおかしみが感じられる。

四、小動物

「僕はね、蟻の習性というものをじっと見ていると不思議なほど惹かれるのですよ。」（『俳句を語る』）と語る青畝の俳句には、蟻を始め小動物を詠んだ作品が多い。ここに引用しその特色を考える。

塵取るや又つながりし蟻のみち　　大正十二年　二十四歳
露の蟻瓢の肩をのぼりけり　　同
かげぼふしこもりゐるなりうすら繭　　同

放屁虫《へひりむし》二匹にぞ見え朝日影　大正十三年　二十五歳
ふるさとや障子にしみて繭の尿《しと》　昭和元年　二十七歳
蟻地獄みな生きてゐる伽藍かな　昭和二年　二十八歳
露の虫大いなるものをまりにけり　昭和三年　二十九歳

三句目、この繭は絹糸となる蚕のつくる繭である。青畝は、「数多い中には下手な奴もいる。へなへなとうすい繭しかつくれない。こういうのは中にこもっても丸見えに透くから、なんだかさびしくものあわれをおぼえる。」と書いている（『自選自解阿波野青畝句集』白鳳社）。しかし、それを影ぼうしが籠っていると表現されると、何か不思議な異次元の世界が広がっているようにも感じられる。

四句目、放屁虫と朝日が当たってできる影とを二匹と見ている。光と影、両方を等しく見ている。五句目は、蚕が繭になる前にたっぷりとする尿を詠んでいる。芭蕉は、『奥の細道』で「蚤虱馬の尿する枕もと」と詠んだが、青畝は飼屋の繭の尿にふるさとを感じている。六句目は、伽藍と言えば僧侶の集まる寺院である。そこに、蟻を食べるという蟻地獄があるという。蟻にとって天敵だが、「みな生きている」と書き、蟻も蟻地獄も否定していない。小さな蟻地獄と大きな寺院、それはまた、生きている蟻や蟻地獄と死後の世界に思いを馳せる寺院でもある。

大と小、生と死、それぞれに対照をなしている。七句目、露ほどの小さな虫が大きな脱糞をしたという句意。糞と言わず、「大いなるもの」と言い、排泄すると言わず、「放《ま》りにけり」と雅語を使っているところに面白さがある。

蝶飛んでをり蟻もをり我も居り　昭和二十七年　五十三歳
一つ一つ考へをもち蟻はしる　昭和二十八年　五十四歳
よき月の蜘蛛のねむりてゐるならむ　同
一輪の龍胆《りんだう》餐けよ鶴の墓　昭和二十九年　五十五歳
わが思案とかげの思案相対す　昭和四十八年　七十四歳
守一忌知る由もなしどの蟻も　昭和五十七年　八十三歳

青畝は、画家の熊谷守一と同じように、蟻をよく観察し、「おもしろいのは近道をしないのですよ。」と語っている。また、「ルナールは蟻のことを、博物誌に「３３３３３」と書いています。」と面白がっている（『俳句を語る』）。ここには、蟻に親しみ楽しむ青畝がいる。五句目、自分の思案はトカゲの思案と相対している。つまり同等だと言っている。そう思えば、トカゲが愛おしくなると同時に、逆に自分の思案の小ささに縛られなくなり、ちょっと広やかな気持になれる。

五、青畝の推敲

青畝は、雑誌に発表した句や句集に載せた句を、その後さらに推敲することもあった。その推敲の跡を辿り、青畝の俳句の言葉を考える。

乱心のごとき蝶舞ひ孔雀草
乱心のごとき真夏の蝶を見よ　『紅葉の賀』　五十一歳

推敲前の句には、激しく舞飛ぶ蝶と孔雀草があって、下五の孔雀草の印象の方が強い。蝶は小さな蝶が想像される。推敲後は、孔雀草が消え、真夏が加わり、蝶のみのシンプルな句になった。大きな黒揚羽かもしれない。鱗粉を撒き散らしながら、激しく飛び回る蝶に妖艶な感じがするのは、「乱心」の言葉があるからだろう。青畝は、自句自解の中で、下記のように語っている。

虚子先生に「山国の蝶を荒しと思はずや」の句がある。山獄の姿のすがすがしさを句の裏に連想するのである。しかし、私の句には、性欲に爛れたようなものがある。『悪の華』の詩から飛び出してきた蝶であるかも知れない。（「かつらぎ」昭和二十七年十一月号）

梅雨ぎのこ仲良う傘をさしにけり　『一九九三年』
梅雨菌《きのこ》仲よう傘をならべけり　『宇宙』

青畝は、「仲よう」の関西弁のニュアンスは平仮名の方が伝わると考えたのだろう。「さしにけり」から「ならべけり」に変えたのは、傘をさした瞬間よりもその状態を表現したかったのではないか。梅雨菌で切れて、その前で、仲よく傘をならべているのは、柔らかな関西弁のニュアンスから考えると、熟年の夫婦だろうか。梅雨菌の湿り気から、織田作之助の小説に出てくる夫婦など思い浮かべてしまう。

黒舟と果てて漂ふ灯籠かな　『一九九三年』
黒舟と化けて漂ふ灯籠かな　『宇宙』

青畝は、お盆の灯籠流しで、美しく灯る灯籠よりも、残った燃えかすに心を寄せている。「黒舟と化けて」は、青畝の主観だろう。「果てて」よりも、「化けて」の方が、より一層黒舟に命が通う。

三輪山を吸ふ心地して屠蘇すする　「俳句」
三輪山を吸ふ心持神酒は屠蘇　『一九九三年』
三輪山を吸ふ心持屠蘇すすり　『宇宙』

一句目、上五から下五まで一続きの文章である。すなわち、散文であると考えて、二句目では心持で切って「神酒は屠蘇」と取り合わせたが、情報が多くなり勢いの無い句になってしまった。三句目では神酒をはずし、シンプルな取り合わせの句になった。さらに、中七で切れてリズミカルである。

神の名が長くて読めず初詣　「俳句研究」
神の名の長きは読めず初詣　『宇宙』

推敲前は理窟・言い訳になっているが、推敲後は潔く認める気持ち良い表現になっている。ふとおかしみを感じる。

ちなみに、養子の健次さんによると、『一九九三年』の句稿を出版社に渡した後も、最後の入院のベット上でまで、青畝は推敲を続けたという。その最終の句稿をとりまとめた句集が『宇宙』である。

六、都会派青畝

青畝はその第一句集『万両』が有名で、大和の俳人として知られているが、二十代で大阪の京町堀の商家に養子に入って以来、西宮の甲東園や大阪の北畠への仮寓、甲子園への転居も含め、ずっと都会暮らしだった。そんな都会派青畝の俳句の言葉を考える。

すでにすでに冬野遥かのあの男　　昭和二十一年
梅雨夕焼電車の席がすいてゐて　　昭和二十八年
秋の灯のテールランプが地に満てる　　昭和三十八年

濡れぬ椅子一脚もなきプールの夜　　昭和四十三年
蝶多しベルリンの壁無きゆゑか　　平成二年　九十一歳
波止の蛾にアラブ通ひの船の蛾も　　平成二年

一句目、「すでにすでに」という繰り返しのリズムと共に、目前に冬の野原が広がる。さっきまでそこにいた男のシルエットは足早に過ぎ、その冬野の果てに、まさに消えかかろうとしている。奥行のある映画のラストシーンのようだ。二句目、夕方の電車と言えば、たいていは込んでいるものだが、その日は梅雨の大雨で人出があまりなかったのか、思いがけずすいていた。ちょっと贅沢な気分。夕焼けがきれいだ。都会で生きている私達は、こんなささやかな一瞬に、生きている幸せを感じたりするものだ。映画「阪急電車」の最後のシーンのようである。三句目、秋の夕暮れ五時を過ぎれば、どの道も家路を急ぐ車でいっぱいだ。雨でも降ったのか道路に出来た水たまりには赤いテールランプが映っている。「語り継ぐ人もなく／吹きすさぶ風の中で／紛れ散らばる星の中／忘れられても／ヘッドライト・テールライト／旅はまだ終わらない」と歌う中島みゆきの楽曲が聞こえてきそうだ。四句目、昼間は賑やかなプール。しかし、闇の中のプールはプールサイドの椅子達共々生々しく少し不気味。命が宿っているようにも感じられる。現代の感覚だ。五句目と六句目、時事を詠みながら、詩情の感じられる作品である。このような句を作る青畝の心意気を示す言葉を以下に引用する。

花鳥諷詠がややもすれば胡坐をくんで前進する意志を喪失する嫌いがある（略）「危ふきに遊ぶ」意気込みがなかったら、伝統の精神を永続させることは不可能であろう」

（「管見として言う」／『俳句のよろこび』）

ブランコを漕ぐ青畝（最晩年）

第七章　子規と青畝

大正八年、虚子から「手段としての写生の修練」を諭され、俳句の修練に励んだ青畝は、大正十三年～十五年にアルス社から出版された子規全集を熟読したという。そして、「俳句が文学と一人まえに呼ばれるようになったのは子規以来のことで、古くはない。」と、俳句の成り立ちについて考え、「明治の子規が起こった。堕落した俳句（発句のこと）を撲滅せんがために、短兵急に写生を唱導した。従来の悪弊を払拭するには客観に目を向けなければ救われなかったからである。」と、記している（『俳句のこころ』）。つまり、青畝は、俳句を子規まで遡って考えている。また、青畝は、子規の短歌にも魅了され、大正十五年、アララギ（当時の編集発行人：斎藤茂吉）にしばらくの間、投稿するほどだった。さらに、投稿を止めた後も、折に触れて短歌を作り身近な人に書き送るなど、生涯を通じて短歌も楽しんでいた。以下は、後年の青畝の短歌である。

神鳴《かみなり》のなりきたれりといふ人ありハムレット城の地下を出づれば　昭和五十二年

床の軸掛けかへねばといひしかどなほざりにして栗のいが置く

一首目は、コペンハーゲン市北郊のクロンボール城の作という。二首目、日常の一コマながら、栗のいがが楽しい。

本章では、そんな青畝のなかの子規を探り、ふたりの俳句から、共通する俳句観を考えてみたい。

一、俳句の魅力

子規と青畝の俳句の魅力を考える。

柿くへば鐘が鳴るなり法隆寺　子規

葛城の山懐に寝釈迦かな　青畝

一句目、柿を食べたら法隆寺の鐘が鳴ったよという句意で、印象に残る句だ。それは、「柿を食べること」と「法隆寺の鐘が鳴ること」の取り合わせによって、日常のささいな行為が古い寺院の長い歴史とつながるという意外性が面白いからだろう。『病状六尺』の中で、子規は「(河東碧梧桐が、)この句を評して「柿食ふて居れば鐘鳴る法隆寺」とは何故いはれなかつたであらうと書いてある。これは尤《もつとも》の説である。しかしこうなるとやや句法が弱くなるかと思ふ。」と記している。碧梧桐のいう句であれば、意外性の面白さは感じられないだろう。つまり、子規のこの句は、言葉のリズムや勢いがあるため、取り合わせが効いて、意外性が感じられ、印象深い句になっている。

二句目、山懐は広辞苑に、「山間がくぼまって懐のように入りこんでいる所」とある。春のもわっとした空気のなかに、寝釈迦が葛城山に直にふんわり受け止められて横たわっているような感じを受ける。その意外性がこの句の魅力だ。助詞「に」を「の」に置き換えると、その意外性はなくなってしまうだろう。

また、「どの寺の涅槃図かとよく聞かれるが、私が作者(青畝)から直接聞いたところでは、どこの寺でもなく、郷里大和へのノスタルジーからイメージを得て出来たということである。」

と森田峠氏は書いている。（『万両全釈』）青畝は、俳句と定型について、「日本人の知恵よりも言語の生理に深く根ざしている」（『俳句のこころ』）と語り、情報伝達の道具としての言葉ではなく、言葉そのものの生理、つまり言葉のリズムや調べ、取り合わせる言葉と言葉の響き合いを尊重している。

子規の「柿くへば…」の句も青畝の「葛城の…」の句も、この意外性故に、人々に愛されているのだろう。

二、青畝のなかの子規

これと云ふ今日の用来ず金魚見る　　青畝　二十六歳

大正十四年の作。大正十二年に青畝が婿入りした大阪の阿波野家は、当時厳格な養祖父と養父共に元気で、青畝は不動産の管理をしておけばよく何という用事もなく過ごす日もあったという。そんな退屈な日々から金魚へ視点をずらしている。ところで、『墨汁一滴』には、子規がカリエスの痛みを金魚を見て紛らわす記事がある。

ガラス玉に金魚を十ばかり入れて机の上に置いてある。余は痛みをこらへながら病床からつく〲と見て居る。痛い事も痛いが綺麗なことも綺麗ぢや。（明治三十四年）

この子規の金魚が青畝の念頭に、あったのかもしれない。そして、痛みからひょいと視点をずらし金魚を楽しむという子規の精神も。

蚊たたいて子規遺墨集一瞥す　　三十七歳

蚊を叩き『墨汁一滴』よごしたり　　七十九歳

どちらの句も、「蚊を叩く」という日常的なことと取り合わすことによって、子規の書が身近に感じられる。さらに、蚊を叩くことに夢中になっているうち、ついうっかり『墨汁一滴』を汚してしまったと、やや自嘲的なおかしさも表現されている。蚊も子規も、青畝にとって身近な存在だった。

去る者を追はず天下の子規忌かな　　四十八歳

昭和二十二年の作。戦前は、青畝の故郷、大和の人々が中心になって発行していた「かつらぎ」を、戦後、青畝宅を発行所として青畝が責任者となって復刊することとなる。青畝は、九月十九日の子規忌にあたり、子規の「芭蕉忌や吾に派もなく伝もなし」を思い浮かべたのかもしれない。どちらも俳句への志を語り、潔い。

子規の五十年忌

果物帖のことも子規忌の物語　　五十二歳

昭和二十六年の作。果物帖は、晩年寝たきりの子規が描いたスケッチ帖である。子規は、随筆に、「病気の境涯に処しては、病気を楽しむといふことにならなければ生きて居ても何の面白味もない」（七月二六日『病床六尺』）と書き、草花や果物をスケッチすることを楽しんだ。青畝は旅先にスケッチ帖を携えて描くことを楽しむ人だった。晩年には、それらをまとめて『わたしの俳画集』を出版している。

六十年目の子規の忌に一句評　　六十二歳

大いなる嵐直後に子規忌来る　　六十六歳

子規忌より帰りは月をまともにす　　七十八歳

子規忌は九月十九日。帰り道、月が真正面に見えたという。満ち足りた気分だったのだろう。私は、先年法隆寺の子規忌に参加したことを思い出した。アンパンをもらって広い法隆寺を散策し、家に帰る頃には快い夜風が吹いていていた。

田端大竜寺

子規墓前束子《たわし》を置きし人ありぬ　　七十歳

大竜寺は、東京都北区田端にある寺院である。大竜寺を訪ねた青畝は、子規の墓前に置かれた束子を見て、置いていった人に思いを馳せている。これはヘチマタワシだろう。糸瓜棚を作って、実が完熟するまで待って、水につけて種を取って干す。子規の背中を洗ってあげたいと置いていった人がいたという。私は、子規の絶筆三句を思い出した。

糸瓜咲いて痰のつまりし佛かな　　子規

痰一斗糸瓜の水も間に合はず
をと〻ひのへちまの水も取らざりき

「痰のつまりし佛」は、死後の子規自身だろう。少し離れたところから自己を客観的に見つめる子規である。切ないながらも微かにユーモアも漂ってくるのは、「糸瓜咲いて」というゆったりとした言葉のリズムのせいだろう。読み終われば、書ききった後の子規の晴々した気分さえ感じられる。この三句を、青畝も愛唱していたのだろう。青畝の第一句集『万両』のはじめの青畝十八歳の俳句の中に、以下の俳句がある。

虫の灯に読み昂りぬ耳しひ児　　青畝

虫の鳴く窓辺の灯に、読書する少年。耳の悪い彼には虫の音もよく聞こえず、読書に熱中している。以下は、『青畝句集『万両』全釈』（森田峠著）からの引用である。

青畝は幼時に左右中耳炎にかかり、それが慢性化した。特に、左の耳が遠い。（中略）自注によれば、この句は告白体の句ではなくて、自分と同じような耳しいの少年を架空に客観しているのだそうだ。

つまり、青畝は、自己を客観視する姿勢を、十八歳当時から、身に着けていたと言えるだろう。同様に、自己を客観視した青畝の句を次に挙げる。

我は唯畔に野菊の咲くごとし　青畝　七十四歳
青畝よむ数の間ちがひ鉦叩　青畝　八十五歳
良寛の読めない字ゆゑ春惜しむ　青畝　同

一句目、この年、青畝は大阪府芸術賞を受賞した。この句を読めば、「私は畔で野菊のように咲いているだけですよ。」と言っているようだ。青畝は、子規門下の歌人の中で、伊藤左千夫が好きだったという。この句から伊藤左千夫の『野菊の墓』なども思い出される。二句目と三句目は、どちらも、自分自身の否定的なこと、出来ないことが表現されている。ところが、最後に季語を置いたことで、出来ないことが豊かなことのように思えてくる。これは、子規の糸瓜の句とも共通することである。ペーソスを伴うユーモアの表現は、ふっと読者の笑いを誘い、明るい気分をもたらしてくれる。

三、俳句表現の比較

①スケールの大きさ

松山の城を載せたり稲筵　　子規　二十八歳
大空に長き能登ありお花畑　　青畝　三十六歳

まず上句で遠景から映し出し、下句で近景へとぐっと近づけて奥行きを感じさせることによって、スケールの大きな句になっている。読者も、子規や青畝とその場に並んで見ているような気分になる。俳句表現の力がよく活かされている。では、次の句はどうだろうか。

住吉にすみなす空は花火かな　　青畝　昭和七年　三十三歳

韻を踏んでリズムよく始まるこの句は、日々の暮らしのリズムの良さを思わせ、その暮らしの空はまさに花火だよと詠嘆している。ゆったりと満ち足りた暮らしぶりが思われる。幽かに切なさも同時に思われるのは、花火という季語の働きだろう。花火が消えた後の夜空は、より一層寂しいのだから。「空は」の助詞「は」の大胆な使い方が、この句に奥行きを与えている。

②おしゃれな取り合わせ

フランスの一輪ざしや冬の薔薇　　子規　三十歳
衣被リーチの皿に載せにけり　　青畝　九十二歳

この二句は、取り合わせがおしゃれで美しい。二句目、バーナード・リーチは、イギリス人の陶芸家であり、画家、デザイナーでもある。先年、滋賀県立近代美術館で開かれた生誕百三十年 バーナード・リーチ展を見たが、「楽焼駆兎文皿」、「ガレナ釉筒描山羊文皿」が印象的だった。衣被を盛れば、おいしそうである。

③豊かな発想

春風や象引いて行く町の中　　子規　三十歳

ビーナスの貝に容れたしさくらんぼ　　青畝　八十七歳

一句目、春風の中をゆったりと歩く象。二句目、ボッティチェッリの絵画『ヴィーナスの誕生』の帆立貝に容れたいくらい綺麗なサクランボだという。どちらも、楽しい発想だ。

④生き生きと描かれる人々

何笑ふ声そ夜長の台所　　子規　二十七歳

キッチンが整頓しすぎ明け易し　　青畝　九十一歳

子規の句からは、夜長の台所にいる人々の楽しそうな様子が伝わってくる。逆に、あまりに片付きすぎて人の気配を感じないキッチンに物足りなさを感じる青畝である。人々のざわめく気配が好き、人が好きな二人である。

人に貸して我に傘なし春の雨　　子規　二十九歳

人を見ん桜は酒の肴《さかな》なり　　子規　二十九歳

リルケの詩夜店の婆の手より受く　　青畝　六十六歳

一句目、春の雨だから、恋人に傘を貸したのだろうか。自分は濡れても、満ち足りた気分なのだろう。二句目、花見に来て、桜よりも人々の様子を観察する方が面白いという。三句目、夜店の古本屋に薔薇の詩人リルケの詩集が並んでいたのだろう。初老の女性の手からは、リルケの詩と共に青春の香りさえ漂ってくる。どの句も、その表現から登場人物が生き生きと感じられる。

ここで、青畝が句集『紅葉の賀』のはしがきに、リルケの言葉を挙げていることを、子規の言葉と比較して考えてみたい。子規は、『俳諧大要』の冒頭で「俳句は文学の一部なり。文学は美術（芸術）の一部なり。故に美の標準は文学の標準なり。文学の標準は俳句の標準なり。則ち絵画も彫刻も音楽も演劇も詩歌小説も皆同一の標準を以て論評し得べし。」と語っている。以下は、青畝の「はしがき」からの引用であるが、青畝も俳句は詩であるという考えの下、詩人リルケの著作を読み、その言葉を引用し、青畝自身の作句態度を語っている。

そういえばリルケの言葉で、僕は勇気を与えられたのだ。『一生かかって、待ち、集める』こと、それは一枚のスナップは写生にはならない、見えないものを見る目を、美しく保たねば、ものの生命も自分の生命も逃げてしまうということが恐ろしいんだ。

子規と同じように、青畝も俳句を文学と考え、俳句を芸術と捉えていた。そして、「詩（俳句）とは、何か。」をリルケの言葉にも求めていたことがわかる。一生かかって俳句を追い求めていくことと、見えないものを見る目を大切にするリルケの姿勢に、青畝（六十二歳）は共感し励まされたと言えるだろう。

蝶飛ブヤアダムモイブモ裸也　子規　三十四歳
信濃人アダムイブめき林檎摘む　青畝　八十四歳

子規の句、蝶がひらひらと飛ぶ頃、原初のアダムとイブを思っている。まだ、知恵の実を食べていないふたりは羞恥心もなく生まれたままの裸だった。「裸也」という断定から、それを肯定的に捉えている子規がいる。青畝の句は、「信濃人」という措辞に、リアリティを感じる。林檎を摘むたびに、原初の人間、アダムとイブの物語が、また、新たに始まるようだという。

話ながら枝豆をくふあせり哉　子規

鴨なべに障子をあけてしめぬ人　　青畝

一句目、話をしながら枝豆を食べている。食べたいし、喋りたいし、しかし、口はひとつ。喋っている間に、相手は枝豆を食べるし、あせってしまう。二句目、現在ほど暖房の効かない昭和の時代。障子を開けっ放しで出ていく人。この「人」は、他人でもあり自分でもあるのだろう。どちらの句も、ちょっと哀しいようなおかしいような人間の性《さが》を見つめている。読者がユーモアを感じるのは、そのせいだろう。

⑤自己の客観視

大三十日《おおみそか》愚なり元日なほ愚なり　　子規　三十四歳
裏着たる魯《おろか》亭主やちゃんちゃんこ　　青畝　六十二歳
むだごとをするも慣はし去年今年　　青畝　八十三歳

子規の句は、大晦日も元日も愚かであると、畳みかけて断定している。青畝の句は、裏返しにちゃんちゃんこを着ていると具体的に表現している。しかし、どちらも、やや自嘲的に自己を突き放している。勿論、人間であれば愚かでない人はいないのだけれど、こんなにあっけらかんと言われると、俳人としての覚悟さえ思われる。

自己を客観視することによって醸し出すペーソスを伴うユーモアの根底に、「愚かな自分」を自覚するという俳人としての覚悟が感じられる。結核という病を得ながらも、病気さえも楽しもうという子規（享年三十四歳）。九十歳で「かつらぎ」主宰を弟子に禅譲する青畝は、老いに向かえば、「むだごと」をさえ楽しむという。実際、「俳句」「かつらぎ」「ひいらぎ」「黄鐘」に毎月俳句を発表し続け、九十三歳で亡くなるまで、俳句も、旅も、絵も、短歌も、つまり「老い」を楽しんだ青畝。自分を愚かだと言い切る子規と青畝は、最後まで好奇心に溢れ、人生を楽しむ達人だった。

かつらぎ庵にて、とい夫人と青畝（90歳）

エピローグ

青畝は、俳句と定型について、「日本人の知恵よりも言語の生理に深く根ざしている」（『俳句のこころ』）と語り、また、「言葉の命の持っている働きを大切にしないと、意味は運べても、心のうちの微妙なものは運べない。」（『誓子・青畝・楸邨　さらば昭和俳句』）と語る。青畝が言葉と俳句について語るとき、その言葉はそのまま詩の言葉のようになる。人は自ら発した言葉の生理（リズムや取り合わせる言葉の響き合い）に導かれて俳句を作り、その俳句に逆に気づかされ、驚かされ、励まされたりする。そんな言葉との対話こそ俳句を作る楽しみであり、喜びなのだろう。

次に、亡くなる一年前のインタビュー記事から、青畝の言葉を引用する。

だんだんと年を重ねるにつれて、いろんな世間の事情だとか哲学的なことにも影響されながら、詩精神を高めていかなければいけない。だから客観的にものを見るだけでは半分ですわ。そこはやっぱり詩精神を養うことと、客観写生でものをよく見ることを合わせていけば、だんだんと見る目が肥えていくと思います。（中略）ああ、こんな楽しみがあるなあ、と読んだ人に思ってもらえればいいですね。（いま興味をもっていることを聞かれて）別にどうということはありませんが、詩性ゆたかな俳句を自在に開拓するということですね。人々が、気づかないところにもこんな落としものがある。日常のどこかにも落ちているものがある、それを見つけてものにしようと望んでいます。（『阿波野青畝』春陽堂）

このように語る青畝の最晩年の句を三句挙げる。

矜羯羅のころびし滝に降りにけり
漱石忌二冊もころび広辞苑
シャガールの空を探せる春の蝶

一句目の「矜羯羅」は、矜羯羅童子《こんがらどうじ》のことで、十五歳ほどの童子の姿をしており不動明王の脇士を、制多迦童子と共に務めている。真ん中に鎮座する不動明王像ではなく、その脇の矜羯羅童子に着目するところに、俳句的発想が生きている。二句目、漱石の小説を読みながら辞書を引いている人がいるのだろう。今では、電子辞書が普通になりペーパレス化されているが、あの分厚い広辞苑が二冊もごろごろ転がっていると言われると、なんだかおかしい。三句目、春の蝶は、恋人たちの飛んでいくあのシャガールの空を探しているという。小さな蝶と大きな空の対比も効いていて、読めば広やかな気分になる。

青畝は、戦後、甲子園の自宅に住み続け、「かつらぎ」を主宰した。昭和二十七年に阿波野本家に養子として入籍して以来、甲子園の家で、晩年の青畝と一緒に暮らした健次さんと恭子さんご夫婦に、家庭での青畝についてお話を伺った。

川島　阿波野家に青畝さんのご養子として来られたのですね。

健次　はい。その当時、家族は、養祖父庄三郎、養父母（青畝・とい夫婦）、義理の妹道子（青畝の娘）一人、私達夫婦の六人。養母といは、戦後秀夫人が結核で亡くなった後、嫁いできていました。後に青畝の孫娘が三人、曾孫も二人生まれました。

恭子　大家族でしたので、お手伝いさんに来てもらっていたこともありました。何かと来客が多い家でしたが、養父青畝は、急な来客で、味噌汁が冷めてしまっても文句を言わないような、優しい人でした。

川島　青畝さんのお好きなものは何でしたか。

恭子　家ではお酒は嗜む程度、煙草は喫いませんでした。食べ物の好き嫌いはなくて、何でも食べてくれました。旅に出かけることが多い養父でしたが、家の御飯と味噌汁が一番美味しいと言ってくれていました。青畝の実父が植えてくれた柿の木が五本ほど庭にあり、秋にはたくさん実がなりましたが、柿は奈良の御所からも、送ってもらっていました。奈良の柿の方が美味しいからとこだわるほど柿は好きでした。

健次　熟柿とか桃とか、果物は好きでした。

恭子　好きなことと言えば、養父青畝は、言葉について、家の中で皆に質問していましたね。例えば、英語や略語はアメリカ在住の長かった健次さんに、流行語や今の新しい言葉などは孫達にも聞いていました。

川島　では、ご家族で俳句をなさることはなかったですか。

健次　僕は養祖父庄三郎に反対され、仕事でアメリカ在住が長かったですし、結局、俳句はやらなかったです。

恭子　私も大家族で忙しくて。私が嫁いできた頃、養母は、肺結核の手術後臥せっていることが多かったですから。養母は後に元気になってから、養父青畝の吟行の旅にも一緒に行くようになり、俳句もしていましたけど。子ども達も、小学生の頃は吟行に連れて行ってもらったりしておりましたが。

川島　青畝さんは、長生きなさいましたね。

健次　はい、青畝は、晩年も検診を受けながらも、どこでも出かけ元気に過ごしておりました。最後の入院は、十一月二十五日に尼崎市の田中病院でした。しばらくは検査を受けながらも、ベッドの上でも作句しておりました。亡くなったのは、十二月二十二日。最期は、うつらうつら眠るようにやすらかでした。（享年九十三歳）

川島　亡くなられる前、病院のベッドで、「寝てゐるの覚めてゐるのどちらなのとやさしく声をかけしわが妻」（かつらぎ平成五年二月号）と詠まれたのですね。

恭子　はい、養父たちは仲の良い夫婦で、養母は、自分自身の結核の手術後静養しながらも、「私は青畝の世話をしないといけないから、青畝を残して先には死ねない。」と常々申しておりました。そして、本当に、青畝の死後五十日を待たず、形見分けの段取りを済ませ、ちょっと横になると言ってそのまま亡くなりました。

おふたりのお話から、大家族に囲まれて過ごす青畝の幸せな晩年が思い浮かぶ。ここで、青畝の最後の入院中のベッド吟の俳句を挙げて鑑賞する。

この鏡少しかしげば月満ちぬ

この鏡見つゝ良夜を惜みけり
原稿と見ゆるベッドや年の暮
花もなし蘭薫るなり年の暮
騎手一人駒につゝ立ち昂ぶれり

一句目と二句目、病室であっても、ベッドの上で手鏡の角度を変えて月見を楽しんでいる。五句目の騎手の句からは、十八歳の作「虫の灯に読み昂ぶりぬ耳しひ児」が思い起こされた。どちらも同じ「昂」の語が使われている。読書に情熱を傾けた少年が、今、尚、前進しようと心を昂ぶらせているかのようだ。九十三歳の死にゆく人から、少年の情熱が迸り出ているようだ。生死を超越して、俳句の世界を楽しもうとしている青畝がここにいる。

※　本文中「小説を脱け出して哭く雪女　青畝」と「良寛の読めない字ゆゑ春惜しむ　青畝」は、『阿波野青畝』（蝸牛社・加藤三七子）より引用。「鴨なべに障子をあけてしめぬ人」は大津市堅田の浪乃音酒造所蔵の短冊より引用。その他は、『阿波野青畝全句集』（花神社）より引用。

阿波野青畝略年譜

川島由紀子編

明治三十二年　一八九九年　二月十日、奈良県高市郡高取町大字上子島に生まれる。父橋本長治、母かねの五男、本名・敏雄。
明治三十八年　一九〇五年　六歳　高取町土佐小学校に入学。この頃から耳疾。医師の治療を受けるも、治らず。
明治四十三年　一九一〇年　十一歳　十一月、母かね死去。臍の緒も遺骸の側に埋められた。
大正二年　一九一三年　十四歳　県立畝傍中学校に入学。往復十八キロを徒歩通学。
大正四年　一九一五年　十六歳　「ホトトギス」の読者となり、原田浜人に師事。
大正六年　一九一七年　十八歳　野田別天楼（「倦鳥」）が国語教師として赴任、担任となる。大和郡山に来た虚子に初対面、村上鬼城を例に挙げて、激励される。「ホトトギス」に〈塔見えて躑躅燃えたつ山路かな〉が初入選。
大正七年　一九一八年　十九歳　三月、畝傍中学卒業。七月、京都に遊ぶ。十一月、スペイン風邪で長兄と末兄を喪う。そのため、帰郷し八木銀行に勤務。「倦鳥」同人の飛鳥吟行に参加。「ホトトギス」連載の「進むべき俳句の道」を熟読。
大正八年　一九一九年　二十歳　句作の壁にあたり、「客観写生」に疑問を持ち、浜人に随い虚子に不満を訴える。虚子から懇切な返信を受ける。

大正九年　一九二〇年　二十一歳　五月、郷里高取に「たかむち会」を始める。当初は倦鳥系の人々が多かったが、後、ホトトギス系の俳句団体になる。

大正十年　一九二一年　二十二歳　六月、三輪より小俳誌「いちご」が出され選者となるが、永く続かず。原石鼎に会う機会が多くなり、「鹿火屋」創刊と共に、誌友となる。

大正十一年　一九二二年　二十三歳　新春、京都に野村泊月を訪問。「鹿火屋」を離れる。七月、泊月来訪。九月、「たかむち会」京都嵯峨に初めて吟行。十一月、八木銀行を退職、奈良に仮寓。十一月、池内たけしを招き、法隆寺の時雨に遇う。十二月、大阪の「山茶花」創刊。

大正十二年　一九二三年　二十四歳　一月十二日、阿波野貞と結婚、改姓。大阪市西区京町堀上通四丁目の阿波野家本家に住む。しばらく邦輔の名告り名を用いる。二月、村上鬼城来阪。三月、「山茶花」同人に加わる。九月一日、関東大震災。京都に避難の虚子を訪ねる。

大正十三年　一九二四年　二十五歳　一月、「ホトトギス」の課題句選者に推される。「山茶花」の三月号に浜人の「ホトトギス新年号の雑詠に就いて」への駁論を掲載。三月より「山茶花」の合評会が始まり続けて出席。四月、虚子選『大毎俳句集』刊、一句入集。八月、「風懐を養ふこと」を俳句入門欄のために「ホトトギス」に執筆。

大正十四年　一九二五年　二十六歳　この頃、「山茶花」合評会など、ほとんど俳句会には出席せず。五月、虚子来阪、大毎俳句大会に出席。十月、ふたたび西下の鬼城を迎えて、十六夜の月を詠む。

大正十五年

一九二六年　二十七歳　一月、「大毎」に近詠を寄稿。七月、「サンデー毎日」に近詠を掲載。十月、妻貞発病、大阪医大付属病院楠本内科に入院。このとき小沢内科にできた古香句会を指導。この頃より、万葉語を用いた作品を創り始める。また、しばらくの間、十田久の名で「アララギ」に短歌を投稿する。

昭和二年

一九二七年　二十八歳　一月、「大毎」及び「大朝」に近詠を寄稿。二月、貞退院。三月、「ホトトギス」に俳句入門欄のための一文を掲載。この頃「無名会」成る。六月、心身に疲労を兆すに至り、「蜜柑樹」の選者を退き、「蜜柑樹」は廃刊。八月、随筆「虎落笛」を「ホトトギス」に、俳句を「関西文芸」に発表。十一月、琵琶湖周遊。

昭和三年

一九二八年　二十九歳　一月、「ホトトギス」に「迎春之記」を掲載。「大毎」及び「大朝」に近詠を寄稿。五月、「かへで句集を読む」を「山茶花」に発表。六月、「東日」に近詠を寄稿。『虚子選雑詠選集』第二輯刊、五句入集。七月、長女多美子誕生。「ホトトギス」に「数例の俳諧調」を発表。十月、九州より帰東の虚子を迎える。十一月、「大朝」に御大礼の祝句を寄稿。

昭和四年

一九二九年　三十歳　一月、「大毎」及び「大朝」に近詠を寄稿。大和より「かつらぎ」創刊。三月、養祖父庄平没。六月、台湾の山本孕江来訪、箕面に遊ぶ。台北の「ゆうかり」句帖選者になる。七月、妻子保養のため西宮市外甲東園に仮寓。九月、改造社『現代日本文学全集』に三十句を発表。九月、十月、実姉（横浜で開業医）死去。ホトトギス発行所訪問。本門寺に詣り、川端茅舎を見舞う。十一月、虚子を大阪に迎え全国俳句大会を開く。翌日、飛鳥路に案内する。十二月、『ホトトギス四百号記念句集』の募集句の一部を選ぶ。ホトトギス同人に推挙される。

昭和五年　一九三〇年　三十一歳　三月、無名会一同と兵庫県竜野に遊ぶ。七月、「無名会」で虚子を中心とする座談会を行う。「かつらぎ」の吟行の機会、多くなる。十一月、中部日本俳句大会のため名古屋へ赴き、水郷長島を見る。十二月、妻貞、再び入院。「ホトトギス」一月号のため、「偶章二つ」を寄稿。

昭和六年　一九三一年　三十二歳　四月、第一句集『万両』刊行（青畝句集刊行会）。九月、退院した妻貞を連れ、保養のため、大阪市北畠に一年余り仮寓。山口誓子、「かつらぎ」に加勢。

昭和七年　一九三二年　三十三歳　四月、京都滞在の虚子と西山十輪寺に桜狩。十月、虚子に随い、伯耆大山、出雲大社、松江を巡り、帰途室生寺に招く。

昭和八年　一九三三年　三十四歳　一月十三日、妻貞死去。五月、分家より阿波野秀を迎え再婚、由布院、飛騨に旅行する。武蔵野探勝会に加わり、鹿島・香取に遊ぶ。

昭和九年　一九三四年　三十五歳　八月、次女道子誕生。十月、「山茶花」の夜学講座で無季容認派の日野草城と論争。

昭和十年　一九三五年　三十六歳　五月、一燈園生活の見学。七月、白馬岳・唐松岳・宇奈月

昭和十一年　に遊ぶ。十月、松本たかしを鎌倉に訪ね、蓑助時代の坂東三津五郎と会う。
昭和十二年　一九三六年　三十七歳　二月、外遊する虚子を神戸港に見送る。四月、次兄大阪にて没。兄弟はいなくなった。十一月、次女道子が阿波野分家を相続。
昭和十三年　一九三七年　三十八歳　五月、西宮市甲子園に新居を建てたが、二十日後漏電失火で焼失。妻秀入院。
昭和十四年　一九三八年　三十九歳　三月、「かつらぎ」十周年に単身葛城山頂に登る。五月、富安風生と共に四ツ木吉野園に遊ぶ。
昭和十五年　一九三九年　四十歳　二月、芦屋の高浜年尾居にて、『猿蓑』輪講。滞在中の虚子の捌きにより連句を巻く。九月、妻秀の重態を案じて、京都薬師山病院に転院させる。
昭和十六年　一九四〇年　四十一歳　三月、皇紀二千六百年記念奉祝俳句大会を橿原神宮外苑にて開催。四月、実父長治（八〇歳）死去。九月、秀の母龍死去。十月、別府の俳句大会へ虚子と「にしき丸」で同船。十二月、『花下微笑』（三省堂）刊行。
昭和十七年　一九四一年　四十二歳　六月、熊野へ。満鮮旅行帰りの虚子を舞子に迎え、関西ホトトギス同人会開催。十二月、太平洋戦争の宣戦布告。
一九四二年　四十三歳　八月、上高地より焼岳に登る。十月、第二句集『国原』（天理時報社）刊行。十一月、戦時下の統制令により、「かつらぎ」は他誌と合併させられ、誌名を「飛鳥」と変える。このころ青畝捌きにて数次連句を巻く。
昭和十八年　一九四三年　四十四歳　三月、虚子を長谷寺に招く。七月、日本文学報告会の錬成に加わり多摩川に禊する。下総我孫子の手賀沼を探る。十月、朝鮮文学報国会の招請により渡鮮、樫野南陽画伯と釜山、慶州、京城、金剛山、平壌の各地を巡訪。崑崙丸の撃沈を聞く。

昭和十九年　一九四四年　四十五歳　四月、大和郡山城址に句碑（十五万石の城下へ花の坂）建つ。九月、富岡犀川の郷里戸隠を訪う。十一月、野田別添楼追悼のため当麻寺へ。穎原退蔵と初めて会う。

昭和二十年　一九四五年　四十六歳　三月、空襲をうけ、京町堀本宅は焼失。これより、甲子園の別宅に移る。焼跡整理に通う。八月、甲子園空襲。消火して難を免れ得る。八月、阿武山陸軍病院に慰問中、終戦の勅を聞く。十二月、妻秀（三十六歳）死亡。大八車にて出棺、カトリック葬。

昭和二十一年　一九四六年　四十七歳　三月、「かつらぎ」復活、編集発行人となる。食料不足はなはだしく、田舎へ買い出しに行く。七月、カトリックの機関紙「声」の「声俳壇」の選者を引き受ける。十月、田代といと結婚。

昭和二十二年　一九四七年　四十八歳　一月、福岡県下にある各炭鉱を巡って厚生慰問。六月、夙川教会にてカトリックの洗礼を受ける。霊名アッシジの聖フランシスコ。七月、『定本青畝句集』（宝書房）刊行。

昭和二十三年　一九四八年　四十九歳　六月、再び九州炭鉱を巡行。八月、「かつらぎ」第一回夏行を弘川寺にて開催。十月、株式会社かつらぎ社創立。

昭和二十四年　一九四九年　五十歳　五月、柳田国男を成城町に訪い、以後通信にて両吟歌仙「宝冠」を巻く。
昭和二十五年　一九五〇年　五十一歳　四月、虚子の熊野行に随行。七月、唐津・平戸巡行に、野見山朱鳥同行。
昭和二十六年　一九五一年　五十二歳　二月、「ホトトギス」虚子選が年尾選に移行、投句を止める。六月、対馬旅行中に長女多美子を喪い、その臨終に会えず。九月、松山の子規五十年祭に参加。十一月、『四季選集』第一巻（かつらぎ発行所）を刊行（以後平成四年一九号まで）。
昭和二十七年　一九五二年　五十三歳　一月、みちのくの旅、中尊寺まで。十月、吉井亀太郎五男健次を養子として阿波野家本家に入籍。十一月、養子健次、といの姪恭子と結婚し、同居する。十二月、第三句集『春の鳶』（書林新甲鳥）刊行。
昭和二十八年　一九五三年　五十四歳　一月、長崎、浦上の原爆廃墟を訪う。二月、第一回俳句個展を高島屋にて開催。「かつらぎ」二十五周年記念吟行、各地で開催。
昭和二十九年　一九五四年　五十五歳　四月、山形、福島行。六月、孫早苗誕生。十一月、虚子の文化勲章の祝賀のため東上。
昭和三十年　一九五五年　五十六歳　七月、高知、屋島行。限定版『万両』（かつらぎ三百号記念事業会）刊。十月、養父庄三郎（八十歳）没。
昭和三十一年　一九五六年　五十七歳　一月、伊豆大島三原火山に登る。六月、西脇の西林寺に句碑（十六夜のきのふともなく照しけり）建つ。七月、富士裾野へ旅行。八月、広島爆心地を弔う。北海道各地を遍歴し十和田湖を経て戻る。十二月、孫冬木誕生。

昭和三十二年　一九五七年　五十八歳　一月、初日の出を室戸沖にて迎え、室戸・高知に遊ぶ。高取の小学校にて句会。五月、伊豆より白石、磐梯山周辺。七月、犬山夏行。十月、道子を伴い、富士、大磯を巡り、小金井幡随院の連句に招かれる。

昭和三十三年　（一九五八年）五十九歳　二月、娘の阿波野道子、松井義和と結婚。四月、孫娘弥生誕生。六月、爽雨居にて島東吉に会い、東京天文台に吟行。七月、高野普賢院夏行。九月、台風中に恭仁京を巡る。千原草之新居にて立待の月見。十一月、宮島詣

昭和三十四年　一九五九年　六十歳　二月、雪の霧ケ峰へ。三月、九州最南端まで旅行。四月八日、虚子死去、告別式に上京。七月、富士宮夏行。身延詣。八月、上高地乗鞍行。

昭和三十五年　一九六〇年　六十一歳　二月、感冒に苦しむ。五月、伯耆大山、益田、津和野を巡る。八月、関電の誘いにて黒四ダム工事見学。大島樫野崎、那智行。　十月、小豆島、寒霞渓、相模湖等。横川中堂等旅。

昭和三十六年　一九六一年　六十二歳　二月、手賀沼行。三月、紀の大島樫野崎灯台に句碑（秋風と我思へども南風吹く）建つ。五月、吾妻スカイライン開通招待。下野の芭蕉遺蹟探訪。七月、浜名湖、半僧坊、鳴海。十月、淡路榎並の嵐雪忌。英彦山、阿蘇。十一月、銚子、犬吠埼等。この後、毎年、旅が多くなる。

昭和三十七年　一九六二年　六十三歳　第四句集『紅葉の賀』刊行。三月、青竜展の川端龍子と高

昭和三十八年
野への旅。四月、鴨立庵主交替式参列。妻といの里帰りに同行し、芭蕉の遺蹟を探る旅等。十一月、江口君堂に句碑（流燈の帯のくづれて海に乗る）建つ。
一九六三年　六十四歳　一月、角川源義来訪、俳人協会顧問に推挙。二月、法隆寺の追儺に招かれる。五月、「かつらぎ」三十五周年記念大会開催。七月、三保松原吟行の旅。福本鯨洋に招かれ、竜神へ。十月、潮来水郷。馬籠、恵那。

昭和三十九年
一九六四年　六十五歳　一月、椿温泉にて越年。軽い糖尿病の症状が現れ、倦怠感を覚える。十月、戸隠の犀川の墓参。十一月、甥橋本三郎を伴ない、伊勢参宮、藤岡紫風に面会。大山寺の除夜の鐘を撞く。

昭和四十年
一九六五年　六十六歳　一月、大山ぶな林にて年明けを迎える。三月、堅田に「五月雨のあまだればかり浮御堂」の句碑建つ。四月、知恩院虚子七回忌法要に出席。六月、秋吉台、隠岐。十月、谷中天王子連句に参加。

昭和四十一年
一九六六年　六十七歳　四月、阿波讃岐遍路。六月、飛騨吟行旅。十月、宇治にて連句。十一月、松島芭蕉祭講師。帰途山刀伐峠、中尊寺。十二月、成田山参詣。

昭和四十二年
一九六七年　六十八歳　三月、「かつらぎ」四五〇号記念号のため、後藤夜半、大橋桜坡子、中村若沙を招いて、関西俳壇史を語る座談会。各地への旅も多い。

昭和四十三年
一九六八年　六十九歳　四月、竜門を経て満開の桜の吉野に泊る。大根島、三瓶、大森銀山を巡る。五月、上京、鎌倉に墓詣。七月、大阪鉄眼寺参禅。八月、「かつらぎ」四十周年記念大会。九月、揖保川の下り簗。『自選自解・阿波野青畝句集』（白鳳社）

刊行。十二月、高取長円寺に「供へ諸眼耳鼻舌身意もなし」の句碑、小浜神宮寺に「鷲や鳶羽根撓ませて青嵐」の句碑建つ。

昭和四十四年
一九六九年　七十歳　一月、有馬で年明け。多田社連句献額。北陸の雪見。二月、古稀の賀を花外楼で祝われる。隠れ切支丹の千提寺を訪う。六月、小豆島吟行旅。八月、初の欧州聖蹟（ローマ・スイス・ルルド・パリ）の旅。田端に子規の墓参。十二月、高取中学に「葛城の山懐に寝釈迦かな」句碑建つ。

昭和四十五年
一九六九年　七十一歳　一月、生家で迎春。二月、国栖奏を見る。三月、万国博開催。四月、嵯峨正覚寺に、「緋連雀一斉に立ってもれもなし」の句碑建つ。六月、国東半島の旅。九月、北陸の旅。十月、国東半島再訪。『石田波郷全集』月報に執筆。十一月、信濃・崖の湯に河越虎之進画伯のアトリエ訪問。

昭和四十六年
一九七一年　七十二歳　一月、竜神温泉で越年。四月、秋桜子と今橋画廊で閑談。五月、奥の細道行最上川下り羽黒象潟。鳥取砂丘吟行旅。八月、訪韓、古美術の旅。九月、三輪明神に「月の山大国主之命かな」の句碑建つ。十月、落柿舎に無月を訪う。

昭和四十七年
一九七二年　七十三歳　四月、梅田産経学園講師。五月、ホトトギス九百号記念大会出席。十二月、インド行。第五句集『甲子園』（角川書店）刊。

昭和四十八年
一九七三年　七四歳　一月、インドのアグラに年明ける。ネパール、タイを経て帰る。五月、小豆島に「白遍路醤油の街をごそりくる」の句碑建つ。福岡愛宕神社にも句碑建つ。六月、句集『甲子園』に蛇笏賞を受ける。七月、「かつらぎ」四十五

昭和四十九年　周年を新大阪ホテルにて開催。十一月、西宮市民文化賞受賞。
一九七四年　七十五歳　二月、朝日新聞に「父ありき」寄稿。四月、台湾、沖縄の旅。六月、桜井市の「人言をしげみ」の万葉歌碑染筆。九月、大神神社観月祭。十月、『阿波野青畝自選五十句集』（五月書房）刊行。十一月、大阪府芸術賞を受賞。

昭和五十年　一九七五年　七十六歳　三月、『俳句のこころ』（角川書店）刊。四月、勲四等瑞宝章を受賞。六月、俳人協会関西支部長、大阪俳人クラブ結成会長となる。『定本万両』（東京美術）刊。八月、「かつらぎ」五五〇号記念をロイヤルNCB会館にて行う。

昭和五十二年　一九七七年　七十八歳　四月、新宿御苑観桜会出席。五月、大阪俳人クラブ顧問となる。六月、オランダ、フィンランド、スウェーデン、ノルウェー、デンマーク旅行。十月、第六句集『旅塵を払ふ』（東京美術）刊。十一月、鹿児島、出水の鶴を見る旅等。

昭和五十三年　一九七八年　七十九歳　六月、「かつらぎ」五〇〇周年記念大会をロイヤルNCB会館にて開催。十二月、「真珠の小箱」TV放映。俳祖荒木田守武について語る。

昭和五十四年　一九七九年　八十歳　一月、高槻カトリック教会に「礫像の全身春の光あり」の句碑建つ。七月、葛城山に登頂。家内同伴にて、義兄田代育郎を白河に見舞う。八月、京都グランドホテルにて大文字を眺める。九月、横川の三元踊りを見る。十月、戸隠に遊ぶ。亡父庄三郎の二五回忌ミサ。鎌倉寿福寺で営まれた高浜年尾の告別式に参列。十一月、母校、畝傍高校に「狐火やまことかほにも一くさり」の句碑建つ。

昭和五十五年　一九八〇年　八十一歳　二月、第七句集『不勝簪』（角川書店）刊。ホトトギス千号記念大会に出席。『春の鳶　改訂版』（白夜書房）刊。かつらぎ全国同人会を志賀の島に開催。

昭和五十六年　一九八一年　八十二歳　一月、近江路観音巡り。天王寺都ホテルの新年交歓会。三月、札幌へ。札幌俳人と会う。四月、中国人民対外友好協会の林林氏らの来阪歓迎会。五月、健次の長女早苗、堀江泰雄と結婚、阿波野姓を名告る、志摩安乗に遊ぶ。六月、北京西安洛陽鄭州を旅して、林林詩人と再会。七月、水原秋桜子の密葬に列す。

昭和五十七年　一九八二年　八十三歳　四月、中辺路より熊野を巡る。『青畝風土記』（白夜書房）刊。曾孫千春　誕生。六月、かつらぎ全国同人会を日比谷松本楼で開催。永沢寺菖蒲鑑賞。八月、信州高原の牧場に招かれる。十一月、産経教室の人々と大垣への旅。十二月、紀伊田辺「花蜜柑」四〇〇号を祝う。古書店白魚子没。

昭和五十八年　一九八三年　八十四歳　六月、腎臓障害、兵庫医大に入院。かつらぎ五五年記念大会。十二月、第八句集『あなたこなた』（白夜書房）刊。俳人協会関西支部長辞任。

昭和五十九年　一九八四年　八十五歳　一月、入院迎春。三月、星野立子没〈菱餅に悼む心を如何にせん　青畝〉『自然譜』（白夜書房）刊。五月、「花蜜柑」廃刊。十二月、『富安風生・阿波野青畝』（朝日文庫）刊。朝日グラフに「加賀路を走る」執筆。

昭和六十年　一九八五年　八十六歳　三月、高取生家に「『虫の灯に読み昴りぬ耳しひ児」の句碑除幕。四月、俳人協会関西俳句大会。大阪俳句史研究会顧問就任。七月、『おく

昭和六十一年　のほそ道「加賀路を走る」』（朝日新聞社）』刊。十一月、兵庫県文化賞受賞。
一九八六年　八十七歳　二月、米寿。阿波野家に百年目にして待望の男子曾孫正史誕生。「黄鐘」一〇〇号記念会に出席。三月、ハーレー彗星に再会。五月、屋久島に縄文杉原始林を見る。六月、住吉大社御田植祭。料亭富竹に草間時彦、加藤三七子らと歌仙興行。七月、六甲オリエンタルホテルに避暑。八月、野尻湖等信州の旅。九月、大分お告げの聖母修道院に高島源一郎神父の病気を見舞い、日出町的山荘に古川勲院長と会食。暘谷城址に虚子句碑、由布院など巡る。十月、山口誓子と南御堂芭蕉忌に参加。斎藤茂吉の墓、青根温泉、グリコ牧場を巡る。十一月、第九句集『除夜』（白夜書房）刊。

昭和六十二年　一九八七年　八十八歳　一月、「青畝日記」に「一日一句」を始める。三月、武原はん女を訪う。伊豆伊東に遊ぶ。四月、日本伝統俳句協会発足、顧問受諾。機関紙「花鳥諷詠」創刊号に「日本の誇」を掲載。朝日文庫『ホトトギス雑詠選集』（秋の部）の序を執筆。八月、籠坂峠原田浜人句碑を訪ねる。下村非文逝去、弔句〈在りし日の月下美人はよく咲きし〉。九月、読売新聞大阪本社三五周年記念事業に「この一句」の題下講演。鳴門大橋観潮。十月、東京都支部大会の後、越後湯沢温泉、谷川天神平を巡る。父庄三郎三三回忌ミサ。十一月、「黄鐘」一〇周年記念祝賀会に出席。

昭和六十三年　一九八八年　八十九歳三月、「かつらぎ」七〇〇号記念四月号刊。文芸家協会入会。四月、山口のザビエル記念聖堂を訪問。京町堀阿波庄ビル竣工。NHK俳句講座〈金蘆花淡路一国晴れにけり〉放映。かつらぎ六〇年記念に葛城山に登る。五月、中四国大会、米子。足立美術館、美保神社を巡る。墨筆集『大初日』（東京史輝出版）刊。九月、中国の蘇州、杭州を訪ね、西湖の月を見、上海に魯迅旧居を訪ねる。十月、「文芸春秋」に近詠「猿酒」寄稿。十一月、「花鳥諷詠」で、田畑美穂女、千原叡子と座談会。九州支部英彦山句会、久女句碑を訪ねる。

昭和六十四年

一九八九年　九十歳　一月七日、天皇陛下崩御、平成と改元。二月、花外楼にて九〇歳、自祝即吟〈正銘の九十歳は梅日和〉。三月、今宮戎神社に『陋巷を好ませたまひ本戎』の句碑建つ。四月、東京日比谷松本楼に於いて全国同人会。高遠の花見、絵島の屋敷、蓮華寺の墓を訪ねる。五月、天草吟行の旅。十一月、高取に墓参。十二月、守口文化センターに『しゃぼん玉にくるまる童子童女あり』の句碑建つ。（株）かつらぎ社を解散。「かつらぎ」主宰を森田峠に禅譲。青畝は名誉主宰。

平成二年

一九九〇年　九十一歳　三月、京都四条の料亭ちもとの雛祭。帰途大徳寺聚光院に閑隠席の二畳茶室、金毛閣の赤い山門に利休を偲ぶ。四月、神戸兵庫県私学会館にて、かつらぎ全国同人会。五月、大阪豊崎の東洋ホテルにて、かつらぎ主宰交代記念パーティー開催。六月、「季語の扱い方」の一文を俳誌「俳句」に寄稿。七月、ビクター音楽産業社「ビデオ・映像・による現代俳句の世界」の撮影。晦日、叡山、横川中堂、虚子塔に詣る。八月朔日、根本中堂、昭和帝の玉座のある大書院を巡る。比叡山ホテルに泊まり、八月、坂本の日吉大社、明俊尼の律院、浮御堂を巡る。十月、有馬中之坊瑞淵にて「月の槙」の半歌仙を巻く。十二月、兵庫医大で検査を受ける。

平成三年　一九九一年　九十二歳　一月、かつらぎ庵に迎春。岡山に初旅、吉備津彦神社、東湖園を巡る。兵庫医大初検診。連句協会引続き顧問を承諾。二月、恒例の松本青風主催の花外楼誕生祝賀会に招かれる。更に誕生を祝う会が宝塚ホテルに催される。四月、第十句集『西湖』(青畝句集刊行会)刊。二十日、兵庫医大に検査のため入院。七月、検査終わり四日退院。八月、『俳句のよろこび』(富士見書房)刊。九月、兵庫医大にて検診、胃を抑えるとここにありと訴える軽い痛みを覚える。桂信子かつらぎ庵に初訪問。〈秋風に松斜めなるままがよし　信子〉〈くちびるさむく立つを撮しぬ　青畝〉十月、南御堂芭蕉忌、選者山口誓子と出会う。かつらぎ全国同人会、福岡志賀之島志賀の荘で開催。十一月、奈良県室生村大野寺に「春山の巨石弥勒となり給ふ　青畝」の句碑建つ。玉青画伯に面会。内山三杖の八幡野の新装の別荘に招かれる。とい同道。スペインに帰省されていたセグラ神父の訪問を受ける。十二月、兵庫医大で別状なしと診断される。

平成四年　一九九二年　九十三歳　一月、吉備津彦神社に初詣。観音寺市谷端邸、琴引公園「雅の郷」、一夜庵(山崎宗鑑)を訪ねる。兵庫医大にて検診、皮膚痛痒のため塗り薬のみ処方される。二月、松本青風が催す誕生の祝宴に臨む。春陽堂俳句文庫『阿波野青畝』刊。宝塚ホテルで誕生祝賀会。三月、日本詩歌文学館賞を受賞。五月二十三日、岩手県北上市日本現代詩歌文学館に於いて贈賞式が行われる。翌二十四日小雨乍ら宮沢賢治記念館、中尊寺、毛越寺、投入堂を巡る。六月、かつらぎ七五〇号記念俳句大会が大阪豊崎の東洋ホテルにて催される。東上、加藤楸邨と初めての対面のため千束の居宅を訪問。翌朝鈴木真砂女とホテルオークラで対談。七月、柿衛句集への序文、「柿衛先生と私」を執筆する。池田五月山麓に第七十番目の句碑「手すさびに尼の作られる垣根かな」が建つ。八月、妻とい の誕生日に心ばかりの祝いをする。角川書店より『わたしの俳画集』上梓。九月、角川書店創立四十周年に招かれ東上。十月、兵庫医大、受診。注文による新年俳句「もう出たか一九九三の初日記」。かつらぎ全国同人会南御堂に開催。交際の長かった岡本春人他界の知らせに、春人を偲びつつ未亡人星女を見舞う。観音寺雅の郷に、七十一番目の「おぼろなる汐に鼓の音ならむ」の句碑建つ。除幕に出席。最後の旅となる。十一月、賀名生行在所に七十二番目の句碑「南朝の末の末とし鯉幟」が建つ。二十五日、検査入院のため、尼崎市武庫川町二丁目二、田中病院に入院。十二月二十二日、十二時二十八分心不全にて死去。享年九十三歳。

阿波野青畝略年譜／阿波野とい編（「俳句研究」昭和四十七年九月号）、阿波野青畝略年譜／阿波野健次編（『阿波野青畝全句集』花神社）参照。

参考文献

青畝の作品

『日本新名勝俳句』（大阪毎日新聞社・昭和六年刊行）
『阿波野青畝全句集』（花神社）
『甲子園』（邑書林句集文庫）
『現代俳句大系第一巻』（角川書店）
『俳句のこころ』（角川書店）
『俳句のよろこび』（富士見書房）
『自選自解阿波野青畝句集』（白鳳社）
『青畝句集『万両』全釈』（角川書店）
『青畝風土記』（白夜書房）
『自然譜』（白夜書房）
『わたしの俳画集』（角川書店）
『青畝俳句３６５日』（梅里書房）
『カトリック俳句選集』（中央出版社）
『俳句を語る』梅里書房

『富安風生・阿波野青畝』（朝日文庫）
『阿波野青畝』（春陽堂）
『春の月　阿波野青畝墨筆集』（サンケイ新聞社）
『阿波野青畝』（蝸牛社・加藤三七子）
『阿波野青畝』（牧羊社・下村梅子）
『誓子・青畝・楸邨―さらば昭和俳句』（立風書房）
『青畝俳句散歩』（文学の森）
『一九九三年』（角川書店）

俳誌

「ホトトギス」昭和二年三月号
「ホトトギス」（昭和三年十月号）
「ホトトギス」昭和四年七月号
「俳句研究」昭和三十九年七月号
「俳句研究」昭和四十七年九月号
「俳句研究」昭和六十二年四月
「俳句研究」平成五年四月号
「たかむち」大正十年第六号
「飛鳥」昭和十七年十一月号

「かつらぎ五十年史」かつらぎ双書
「かつらぎ」昭和六年九月号
昭和二十八年三月号
昭和三十五年七月号
昭和三十八年七月号
平成五年二月号
「俳句」平成五年二月号

その他の参考資料

『進むべき俳句の道』（永田書房）
『沈黙』（新潮文庫）
『村上鬼城全集　第一巻　俳句篇』（あさを社）
『現代俳句大系　第1巻』（角川書店）
『俳句文学全集　日野草城篇』（第一書房）
『平井照敏編　新歳時記』（河出文庫）
『新版・俳句歳時記』（雄山閣）
坪内稔典句集『落花落日』（海風社）
『俳句講座6』（明治書院）
『小さき者の声』（三国書房）

飯島春子句集『儚々』(角川書店)
『墨汁一滴』(岩波書店)
『病床六尺』(岩波書店)
『仰臥漫録』(岩波書店)
『現代文学大系69 現代句集』(筑摩書房)

写真提供　阿波野健次
　　　　　山岡和子
　　　　　公益財団法人　柿衞文庫

あとがき

「青畝を読む会」は、坪内稔典氏の発案でメンバーを募った勉強会で、第一回（二〇〇七年六月二十一日・堅田浮御堂）から第十九回（二〇一二年六月十五日・東福寺）まで続きました。毎回、十名から三十名のメンバーで、阿波野青畝の全句集の内、第一句集『万両』から第四句集『紅葉の賀』（十八歳から五十六歳まで）の句を鑑賞しました。

その会のご縁で出会った青畝ゆかりの方々から得た情報をたよりに青畝の足跡を辿り、戴いた資料を読み込むところから、私の阿波野青畝への旅は始まりました。甲子園で青畝と暮らした養子の阿波野健次さん恭子さん御夫妻には、晩年の家庭での青畝について聞かせて頂き、資料や御写真をたくさんお借りしました。厚く御礼申し上げます。また、資料の取り寄せなど、大津市立北図書館の司書の方々にもお世話になりました。ありがとうございました。

本書は、船団97号（二〇一三年六月）から116号（二〇一八年三月）に、十六回にわたって掲載した内容をリライトしたものです。長生きだった青畝の俳句を読み通すことは、俳句史を考え、俳句とは何かを考え続けることでした。「青畝を読む会」の初めから一冊の本となるまで、坪内稔典氏には見守り励まして頂きました。心から深謝しています。また、「青畝を読む会」で各地を一緒に巡ったメンバーの皆様、連載中ご意見を下さった船団の句友の皆様、ありがとうございました。
最後になりましたが、編集をお願いした創風社出版の大早直美氏には大変お世話になりました。心からお礼申し上げます。

二〇一九年青梅雨の湖畔にて

川島由紀子

川島 由紀子（かわしま ゆきこ）
1952年9月6日東京都生まれ

2004年　「船団の会」に入会
2010年　第1句集『スモークツリー』
　　　　（創風社出版・第60回滋賀県文学祭文芸出版賞受賞）
現在、「船団の会」、「大阪俳句史研究会」会員。

住所：〒520-0241 大津市今堅田2丁目6—18

阿波野青畝への旅

2019年10月22日発行　定価＊本体2000円＋税
著　者　川島由紀子
発行者　大早　友章
発行所　創風社出版
〒791-8068 愛媛県松山市みどりヶ丘9－8
TEL.089-953-3153　FAX.089-953-3103
振替 01630-7-14660　http://www.soufusha.jp/
印刷　㈱松栄印刷所　製本　㈱永木製本

ISBN 978-4-86037-284-2